Retiro Quaresmal

FRATERNIDADE E ECOLOGIA INTEGRAL 2025

"Deus viu que tudo era muito bom."
(Gn 1,31)

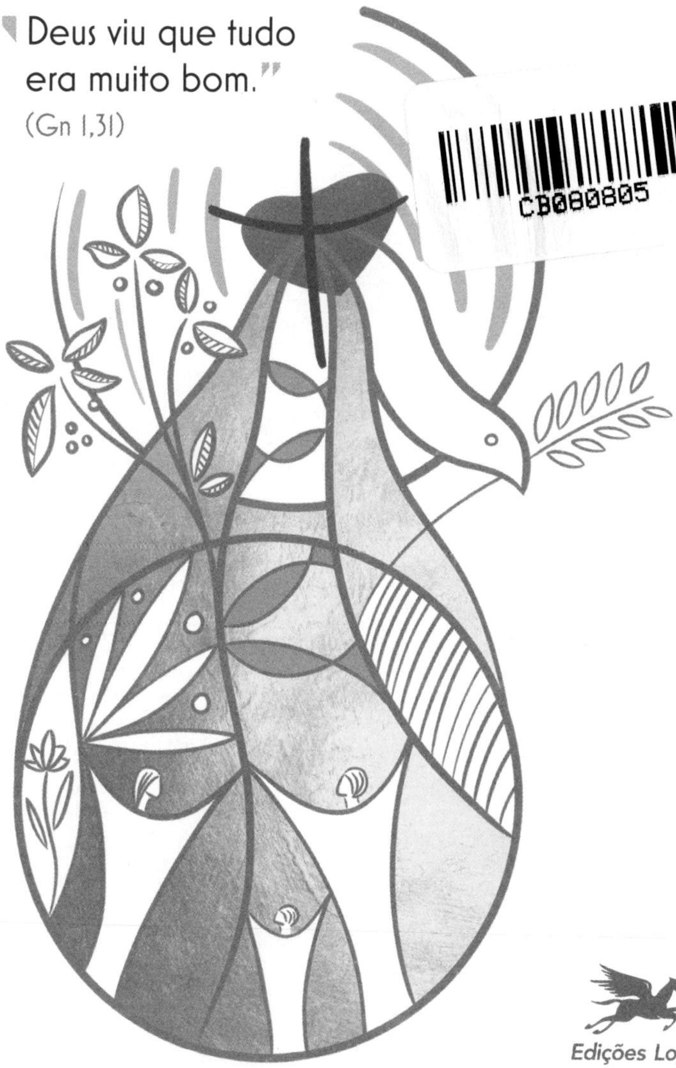

Edições Loyola

Preparação e revisão: Paulo Fonseca
Capa: Ronaldo Hideo Inoue
Composição sobre a ilustração
de © Lúcio Américo de Oliveira.
Diagramação: Maurelio Barbosa
Ilustrações do miolo: © Luka e © bernardojbp
(© Adobe Stock)

Edições Loyola Jesuítas
Rua 1822 nº 341 – Ipiranga
04216-000 São Paulo, SP
T 55 11 3385 8500/8501, 2063 4275
editorial@loyola.com.br
vendas@loyola.com.br
www.loyola.com.br

ISBN 978-65-5504-416-4

109034

Sumário

Apresentação

Acesse o QR CODE e assista ao vídeo do Padre Adroaldo Palaoro, SJ, explicando como vivenciar mais profundamente esse importante tempo litúrgico.

Pelo vigésimo primeiro ano consecutivo, a Rede Servir (Rede inaciana de Colaboração, Fé e Espiritualidade), em parceria com a Rede Diakonia, ambas da Companhia de Jesus no Brasil, elaborou um roteiro de oração para ajudar a vivenciar de um modo sempre novo e inspirador o tempo litúrgico da Quaresma. Trata-se do já conhecido "Retiro Quaresmal", inspirado na metodologia inaciana de oração.

A liturgia quaresmal se apresenta como tempo favorável para voltar ao essencial, ao Evangelho; como oportunidade para mobilizar o coração ante o acontecimento central de nossa fé, a Páscoa. Tempo que, deixando-nos conduzir pelo Espírito, provoca uma sacudida em nossa vida. Para que isto aconteça, o tempo litúrgico quaresmal nos convida a construir novas relações vitais: com Deus, com os outros, com o mundo e conosco mesmos. No Evangelho fala-se das "práticas quaresmais" da oração, da esmola e do jejum, em que nossas relações são iluminadas e questionadas pelo modo de proceder de Jesus.

Queremos também, ao longo deste Tempo Quaresmal, caminhar com a Igreja no Brasil que nos convida a vivenciar a Campanha da Fraternidade. Neste ano, devemos aprofundar o tema "Fraternidade e Ecologia Integral", com o lema: "Deus viu que tudo era muito bom" (Gn 1,31).

O Papa Francisco propõe uma grande virada no discurso ecológico, passando da ecologia ambiental à "ecologia integral", que abarca todos os campos em si: o ambiental, o econômico, o social, o cultural, o espiritual e também a vida cotidiana. A ecologia integral articula tanto o grito da Terra como o grito dos pobres (*Laudato si'*, n. 49).

Cresce, no mundo todo, a consciência de que a vivência de uma ecologia integral é tão urgente para o presente e o futuro da humanidade que todas as tradições humanistas, científicas e espirituais devem ser mobilizadas para contribuir com essa causa. E a espiritualidade inaciana, também ela tem alguma inspiração própria para colocar a serviço do cuidado da Casa Comum? Com certeza! A pedagogia dos *Exercícios Espirituais* (EE) de Santo Inácio nos apresenta preciosas indicações que ajudam a fundamentar novas compreensões e novas respostas diante desta aspiração tão forte no contexto atual da Igreja e da humanidade. Nesse sentido, a espiritualidade inaciana vai além de uma determinada experiência religiosa; ela se expressa como uma "atitude amorosa" para com a natureza e as criaturas.

A experiência do Retiro Quaresmal desperta uma "atitude contemplativa" que nos impulsiona a buscar e a encontrar Deus em todas as coisas da natureza e da vida humana.

A recomendação inaciana: "e sejam frequentemente exortados a procurar em todas as coisas a Deus nosso Senhor... amando-o em todas as coisas, e amando a todas nele" (*Const.*, n. 288) não significa frieza e distância da Criação, senão máximo respeito e cuidado para com as obras do Criador.

Os roteiros de oração aqui propostos, seguindo a metodologia inaciana de oração, foram elaborados por alguns jesuítas, com o desejo de ajudá-lo(a) a crescer na intimidade com o Senhor e na abertura fraterna a tantos que vivem à margem da vida: Pe. Elcio Toledo, SJ, é o responsável pela Segunda Semana; Pe. André Luiz, SJ, pela Quarta Semana; e eu, Pe. Adroaldo Palaoro, SJ, pela Semana Introdutória, pelas Primeira, Terceira e Quinta Semanas e pela Semana Santa.

Uma fraterna "travessia" quaresmal a cada um!

Pe. Adroaldo Palaoro, SJ
Coordenador do Retiro Quaresmal

Introdução

1

O que é um Retiro Quaresmal?

O Retiro Quaresmal oferece um roteiro de exercícios de oração diária elaborado segundo a metodologia de Santo Inácio de Loyola, tornando-se assim uma forma especial de fazer o retiro individualmente, em casa, ou em grupos, no tempo da Quaresma, visando sempre a uma boa preparação para a Páscoa do Senhor. Fundamentalmente, o Retiro Quaresmal é um caminho de oração, feito no dia a dia, por determinado tempo, baseando-se em exercícios de oração, sugeridos e elaborados neste livrinho que ora apresentamos.

2

Como organizar-se para o Retiro Quaresmal?

O "coração" do Retiro Quaresmal está em dedicar pelo menos 30 minutos diários à oração pessoal, de acordo com os exercícios sugeridos.

É muito importante reservar um tempo propício para esse "encontro íntimo com o Senhor"; contudo, devemos reconhecer que é difícil manter uma rotina de oração. Isso pede muita fidelidade.

Assim como ensina Santo Inácio, é preciso muito ânimo e generosidade para começar o retiro.

O melhor tempo para a oração diária é aquele em que a pessoa está mais descansada, menos dispersa e agitada pelas preocupações do dia. Seria bom que fosse sempre à mesma hora. Se não for possível, pelo menos faça um plano semanal.

Recomenda-se ter uma espécie de diário espiritual (caderno de vida), em que se possa anotar aquilo que, durante a oração, aconteceu de mais importante e significativo para o crescimento na fé e em sua prática na vida, bem como os apelos de conversão pessoal. Isso vai facilitar a partilha no grupo de oração.

3

Como usar o Roteiro do Retiro Quaresmal?

a. Este roteiro segue as semanas da Quaresma, com "pontos" que animam a oração, desde domingo até sexta-feira. Todos os textos apresentados seguem os evangelhos propostos pela liturgia para o Tempo Quaresmal.

b. Para os sábados, este roteiro pede que se faça uma repetição. Trata-se de escolher a oração da semana que mais o(a) tocou, ou aquela que foi mais difícil para você. Escolhida a oração, repita-a da mesma maneira como vem fazendo em todas as outras orações, mas dê especial atenção àquilo que mais o(a) marcou na primeira vez em que a fez. Não raras vezes acontece que, durante a repetição, se consiga uma experiência de oração mais profunda.

c. Cada semana começa com uma introdução. Nela, você encontra uma explicação geral que o tema da semana lhe dá, assim como a graça a ser pedida. Essa é a graça da semana.

d. Tratando-se de Retiro Quaresmal, os exercícios começam na Quarta-feira de Cinzas, como uma etapa introdutória. Nela, a pessoa é convidada a entrar, conscientemente, no caminho de oração dos Exercícios na Vida Cotidiana e a dispor-se a uma atitude orante.

e. No final de cada dia, antes de dormir, dedique 10 minutos à *Oração de atenção amorosa* (cf. n. 6).

4

Como fazer a oração pessoal diária?

a. Escolha um lugar apropriado para a oração e uma posição corporal que mais lhe ajude. Desligue o celular e cuide para não receber visitas ou ser interrompido(a). A ambientação ajuda: disponha no espaço uma vela, o crucifixo e a Bíblia.

b. Pacifique-se através do silêncio exterior e interior. Para isso, ajuda respirar profundamente várias vezes, de maneira pausada. Talvez uma música ambiente bem baixinha ajude a criar um clima de oração. Uma vez que se sinta pacificado(a), faça o sinal da Cruz.

c. Tome consciência de que você está acolhendo a presença de Deus como amigo; invoque sempre o Espírito Santo.

d. Faça uma oração de oferecimento na qual todos os pensamentos, palavras, sentimentos e ações sejam colocados nas mãos de Deus para que ele os transforme. Todas as suas preocupações, as suas alegrias, as suas dificuldades, enfim, tudo o que está acontecendo na sua vida, deve ser dito a Deus.

e. Peça a graça de acordo com o roteiro de cada dia.

f. Vá ao texto do dia, seguindo as orientações sugeridas. Dedique tempo à Palavra de Deus e às imagens e lembranças que ela vai trazendo. Saboreie a presença de Deus dentro do seu coração.

g. Termine com uma despedida amorosa, agradecendo por aquilo que aconteceu na oração. Depois, reze um pai-nosso e uma ave-maria.

(N.B: nos números 7 e 8 desta introdução, você encontrará outros dois modos de orar os textos bíblicos indicados.)

5

Como revisar a oração?

a. Após cada momento de oração, faça a revisão geral de tudo o que nele ocorreu;

b. Tome o caderno e anote, primeiro, como se saiu no tempo de oração pessoal: que elementos ajudaram? que dificuldades apareceram?

c. Em um segundo momento, anote aquilo que lhe pareceu mais importante para o crescimento da fé e para a vida: que Palavra de Deus mais lhe tocou? Que sentimentos predominaram nessa oração? Acaso sentiu algum apelo à conversão, algum desejo ou inspiração? Que resistências sente para seguir esse apelo ou inspiração?

(N.B: essa revisão pode ser utilizada para a partilha da oração em grupo.)

6

Como fazer a *Oração de atenção amorosa*?

À noite, antes de se deitar, é indicado fazer uma retrospectiva do dia com um momento de oração (10 minutos), chamada *Oração de atenção amorosa*. Trata-se do exame espiritual de consciência, que conclui-se confiantemente, colocando o futuro nas mãos de Deus. Santo Inácio de Loyola teve uma visão mais ampla desse exame, não apenas vendo as falhas, mas lançando um olhar para todo o dia vivido, em uma atitude de gratidão e serenidade. Aqui, a pessoa é chamada a tomar consciência da ação do Senhor durante os eventos do dia.

Seguem, abaixo, os cinco passos para esse exercício:

1. **Agradecimento**

   Agradeça a Deus por tudo que viveu neste dia. Sinta-se como pobre que tudo agradece.

2. **Invocação ao Espírito Santo**

   Invoque o Espírito Santo, pedindo luz para olhar o seu dia com os olhos de Deus: "Que o Espírito me ajude a ver-me um pouco mais como Deus mesmo me vê".

3. **Um olhar sobre o dia que passou**

   Contemple o dia que passou. Deixe passar, diante de seus olhos, o dia todo ou coloque-se diante de alguns acontecimentos. Não precisa avaliar-se ou julgar-se; antes dedique mais tempo àqueles acontecimentos que mais chamam a sua atenção. Neles, encontra motivos para agradecer? Permitiu que Deus atuasse em você, sendo para com os outros sinal de sua presença e amor?

4. **Pedido de perdão**

   Reconhecendo-se frágil e pecador, peça perdão ao Senhor por suas faltas e/ou pelo bem que deixou de fazer quando não se deixou conduzir por seu Espírito.

5. **Oração de conclusão**

   Confie ao Senhor o seu amanhã, desejando vivamente assumi-lo com olhar e coração renovados. Trata-se de um novo dom a ser vivido intensamente na alegria e esperança.
   Reze um pai-nosso.

7

Como fazer a leitura orante de um texto da Escritura?

1. **Leitura do texto**

   É a escuta atenta da Palavra na fé. Faça a leitura com todo o seu ser, pronunciando as palavras com os lábios; releia, devagar, versículo por versículo. Pergunte-se: "o que diz esse texto?".

2. **Meditação**

   Pare onde o texto lhe fala interiormente; não tenha pressa, aprenda a saborear a Palavra de Deus, a ruminá-la. Pergunte-se: "o que diz o texto para mim?".

3. **Oração**

   Do coração tocado pela Palavra lida e meditada, brota agora a oração. Deus é Pai que nos ama muito mais do que acreditamos ser amados. Pergunte-se: "o que o texto me faz dizer a Deus?". A oração pode expressar-se em momentos de louvor, de ação de graças, de súplica, de silêncio e, sobretudo, no deixar que o Espírito reze em nós.

4. **Contemplação**

   A contemplação é o momento de intimidade, na qual se deixa a iniciativa a Deus. Trata-se de saborear o momento com o Senhor. Vá acolhendo o que vier à mente, o que tocar o seu coração: desejos, luzes, apelos, lembranças, inspirações etc.

5. **Ação**

A Palavra acolhida e saboreada produz frutos de fé e amor na sua vida. Dê a sua resposta, confirmando a Palavra do Senhor. Pergunte-se: "o que o texto e tudo o que aconteceu nesta oração me fazem saborear e viver?". Finalize a oração com uma despedida amorosa. Reze um pai-nosso e uma ave-maria.
Ao finalizar a oração, faça a sua revisão (cf. n. 5).

8

Como fazer a contemplação evangélica de uma cena bíblica, especialmente de um acontecimento ou mistério da vida de Cristo? Como proceder?

a. Recorde a história e use a imaginação para entrar na cena evangélica.
b. Procure ver, contemplando cada pessoa da cena; dedique um olhar demorado sobretudo à pessoa de Jesus (se for o caso). Olhe, sem querer explicar ou entender.
c. Tente ouvir, prestando atenção às palavras ditas ou implícitas: "o que podem significar?" "E se fossem dirigidas a mim?".
d. Observe o que fazem as pessoas da cena. Elas têm nome, história, sofrimentos, buscas, alegrias? Como reagem? Atente-se aos gestos, aos sentimentos e às atitudes, sobretudo aos de Jesus.
e. Participe ativamente da cena, deixando-se envolver por ela. Além de ver, ouvir, tente apalpar e sentir o sabor das coisas que nela aparecem.
f. E, refletindo, tire proveito de tudo o que ocorreu durante a oração.
g. Finalize com uma despedida amorosa. Reze um pai-nosso e uma ave-maria. Ao finalizar a oração, faça a sua revisão (cf. n. 5).

9

Acompanhamento no Retiro Quaresmal

Além das orientações dadas, seria desejável um acompanhamento mais direto. Há duas possibilidades:

a. Recomenda-se aos interessados em realizar o retiro que formem grupos por proximidade, geográfica ou afetiva, podendo constituir novos ou participar daqueles já existentes. O objetivo é reunir-se, semanalmente de preferência, para a partilha das experiências (cf. n. 10);
b. Tanto quanto possível, os grupos sejam acompanhados por um orientador experiente nos *Exercícios Espirituais* de Santo Inácio, e auxiliados por outros acompanhantes idôneos que se disponham a prestar esse serviço pastoral.

10

"Dicas" para os animadores espirituais do Retiro Quaresmal

a. Constituído o grupo na diversidade de pessoas, mas desejosas de viver o Caminho Quaresmal com mais intensidade, o animador espiritual combina local e data para a primeira reunião; ali, ajudado pelas orientações e explicações contidas no início do livrinho Retiro Quaresmal, o animador poderá detalhar mais o objetivo dessa modalidade de retiro, o sentido do Tempo Quaresmal, os encontros semanais para partilha, o ritmo diário de oração de cada participante. Pode, também, indicar os "passos para a oração pessoal", segundo a metodologia inaciana.
b. Verificar se todos adquiriram o livrinho Retiro Quaresmal; é recomendável que cada participante tenha um "caderno de vida"; isso ajudará a registrar a experiência vivida em cada oração e melhor preparar para a partilha no grupo.

c. Antes de cada encontro de partilha, o animador prepara o ambiente: num lugar propício organize uma vela, a Palavra de Deus no centro, flores, cadeiras, estampas etc., de acordo com a criatividade de cada um ou do grupo.
d. Inicia-se o encontro com cantos, alguma oração vocal, um texto bíblico (que pode ser algum daqueles rezados durante a semana), um momento de interiorização.
e. O animador espiritual motiva os participantes à partilha da oração vivenciada durante a semana que passou; é importante reforçar que não se trata de debate, de discussão de ideias, de resolução de dúvidas ou de réplica ao que o outro falou. O clima deve ser de acolhida amorosa da oração do outro. A partilha é também oração, por isso, cuide-se para que algumas pessoas não monopolizem a partilha e que a plena liberdade de cada um seja garantida na experiência espiritual.
f. A partir da realidade dos participantes, o animador conduzirá os encontros com delicadeza, tato e bom senso, fazendo com que a partilha vá adquirindo – em um ambiente de muita serenidade e confiança – maior qualidade espiritual. Cada pessoa poderá partilhar, muito livremente, a ação do Senhor no seu interior: as alegrias experimentadas, as dificuldades, os apelos que sentiu, a maneira como o Senhor lhe falou, conduziu e manifestou sua presença durante a semana que passou ("movimentos do coração"). Pergunte-se: que impacto a oração está tendo em nossa vida pessoal, familiar, eclesial, social?
g. Após o tempo da partilha, o animador espiritual poderá fazer breves indicações para a oração da semana seguinte. Também poderá realçar os "passos para a oração", o "pedido da graça", a avaliação da oração e o registro das "moções" no caderno de vida, assim como animar cada participante à fidelidade ao tempo de oração, mesmo nas dificuldades, buscando ajuda quando sente que algo está travando a experiência espiritual.
h. Terminar o encontro com algum canto ou o pai-nosso.

SEMANA INTRODUTÓRIA

(Da Quarta-feira de Cinzas ao Sábado depois de Cinzas)

Pe. Adroaldo Palaoro, SJ

"... tudo é teu, Senhor amigo da vida!" (Sb 11,26)

Introdução

Começamos a Quaresma com o rito da "imposição das cinzas". Há um risco de vivermos a travessia quaresmal contentando-nos com atos externos de penitência, renúncia, mortificações, mas sem referência à pessoa de Jesus Cristo e abertura aos outros. O silêncio do deserto nos ajuda a encontrar nosso centro, a partir de onde podemos acertar em nossas opções vitais, sem cair nas armadilhas do ego.

Esta Quaresma pode ser um marco no nosso caminho, um caminho de Paixão que já estamos vivendo nestes momentos de profundas crises, rupturas sociais e destruição da natureza. Por isso, ela quer ser também um caminho de Ressurreição, mas sem ser uma experiência solitária; ou nos renascemos todos para uma nova humanidade ou este mundo será uma experiência falida.

Há um drama radical que nos afeta a todos e que, cada vez mais, assume um rosto assustador. Trata-se da gravidade da destruição da Casa Comum, que comporta profundas consequências: desmatamentos, secas, poluição ambiental, contaminação das águas etc.

Precisamos, neste tempo litúrgico especial, despertar nossa consciência ecológica para alimentar um novo modo de pensar e de conceber o universo enquanto "teia de relações". Isto significa que há uma unidade fundamental que perpassa todas as partes do universo, na forma de uma "rede". Nenhuma espécie é autossuficiente; todas são interdependentes.

Nós, seres humanos, também fazemos parte desta vasta rede de interrelações, conectados a todos os elementos da natureza, desde a menor célula até a vastidão do cosmo. Somos quem somos somente *em* relação e *por* relação com todas as criaturas e com o próprio planeta.

Para tornar a nossa vida mais fraterna, aberta e comprometida com a causa da vida, a Campanha da Fraternidade da Igreja no Brasil nos situa diante desta dura realidade que nos escandaliza. Com o provocativo tema "Fraternidade e Ecologia Integral" e o lema "Deus viu que tudo era muito bom" (Gn 1,31), somos chamados a despertar nossa sensibilidade solidária frente a esta grave situação de destruição que nos envergonha.

A ecologia integral começa por uma mudança de mentalidade, por uma nova sensibilidade, e deve nos conduzir a uma simplicidade de vida, não consumista, mas antes solidária, defensora dos pobres e da natureza, agradecida ao Deus criador do céu e da terra.

A conversão ecológica, à qual o Papa nos convida, afeta todas as dimensões da condição humana: a relacional, a social, a afetiva, a espiritual etc.

Assim, através da contemplação reverente, mergulhamos nesse "mar cósmico", que deixa transparecer a presença divina. "Sentir Deus em todas as coisas e todas as coisas em Deus", como ensina Santo Inácio, conduz-nos à iluminação, à profunda serenidade e à integração com o universo.

Pedido de graça da semana:

Senhor, fazei despertar a sensibilidade compassiva e solidária ante o violento processo de destruição da Casa Comum.

Quarta-feira de Cinzas: 5 de março

"Mas quando jejuares, perfuma tua cabeça e lava teu rosto, para não dares a entender aos homens que estás jejuando, e sim a teu Pai" (Mt 6,17-18)

Jl 2,12-18 | Sl 50(51),3-4.5-6a.12-13.14 e 17 (R. cf. 3a) | 2Cor 5,20-6,2 | Mt 6,1-6.16-18

EVANGELHO DE JESUS CRISTO SEGUNDO SÃO MATEUS 6,1-6.16-18

Pertencemos a uma comunidade cósmica de vida, tal como foi criada e sustentada por Deus. Há uma íntima relação entre nós, seres humanos, e a natureza: formamos uma única realidade esplêndida, reluzente, frágil mas cheia de vigor. Viemos da Terra e voltaremos à Terra. Somos parte do universo, feitos do mesmo pó cósmico que se originou com a explosão das grandes estrelas vermelhas.

As mesmas energias, os mesmos elementos físico-químicos da Terra circulam por todo o nosso corpo, sangue e cérebro. Somos argila sobre a qual é soprado o espírito divino que anima e inspira.

O gesto de receber as cinzas sobre nossas cabeças mobiliza-nos a caminhar em direção ao "centro de nosso ser", conscientes de que este caminho ao mesmo tempo nos humaniza e nos diviniza. Receber as cinzas nos faz entrar em comunhão com toda a natureza e vem reforçar a fraternidade universal: somos pó, mas pó apaixonado, habitados pelo sopro do Espírito.

Para viver a oração:

Para que a oração seja um tempo intenso de intimidade com Deus é preciso que nos preparemos a ela: dê atenção especial às "adições": à preparação do lugar, à posição corporal adequada, à consciência de estar diante da Presença divina.

Também é importante ter presente os "preâmbulos", pois ajudam a aquecer o coração para um colóquio profundo com o Senhor: faça, com a imaginação, a "composição do lugar", veja a cena bíblica, e peça a graça indicada para esta semana.

Leia os tópicos abaixo como ajuda para criar um ambiente interno favorável à oração:

- Para viver com mais intensidade o espírito quaresmal, a liturgia nos propõe três atitudes que nos descentram e fazem entrar no ritmo da radical gratuidade: a oração, o jejum e a esmola (caridade fraterna).
- Uma vez no deserto com Jesus, devemos nos dispor à atitude de escuta daquela voz interior que desperta diante da força da Palavra. A isso chamamos *oração*. Oramos quando dirigimos nosso olhar a Deus, ao mundo e a nós mesmos. Oramos com a Bíblia, com as notícias, com os desejos, com os medos... Oramos de mil formas diferentes. Na oração expressamos o melhor de nossa vida, e entramos em sintonia com toda a Criação: na intimidade com Deus somos porta-vozes dos clamores da humanidade e de todas as criaturas.
- E, se escutarmos profundamente com os sentidos ativos, brotarão gestos de atenção e sensibilidade diante daqueles que mais precisam de paz, pão e palavra. Chamamos isso de *esmola* (ou "caridade fraterna"), que significa abrir-se para viver a partilha e o encontro com todos, movidos pelo nosso olhar contemplativo e pelas nossas entranhas compassivas.
- Depois da esmola e da oração, culminando a trilogia da "justiça" do Evangelho de Mateus, vem o gesto da renúncia positiva, não por sadismo ou vitimismo, mas por elevação da interioridade pessoal e pela solidariedade humana. Este é o sentido do *jejum* da Quaresma cristã: ao lembrar-nos de nossa precariedade, o jejum pode nos tornar sensíveis ao próprio mistério da vida que somos, é colocar em questão a

razão de ser da vida. Para quê e para quem vivemos? Só para acumular e encher nossos "celeiros"?

- Fazer jejum sem despertar uma atitude de solidariedade e de partilha é cair no "farisaísmo egóico". Falamos de um jejum humano, espiritual e corporal no sentido mais profundo; jejum pessoal, mas que quebra nosso farisaísmo e nos conduz a uma autêntica solidariedade e comunhão com os outros, sobretudo com as vítimas da fome e da miséria.
- Jesus, ao recuperar o sentido verdadeiro destas três práticas quaresmais, revela-nos aquilo que os hipócritas escondem: o que a esmola, a oração e o jejum têm em comum é que precisam ser vividas no *escondimento*. O essencial da vida, que é o amor, sempre é discreto. O que não é essencial faz barulho, como a vaidade, o prestígio social, o querer despertar uma boa impressão nos outros: tudo isso é pura hipocrisia. Quaresma pede humildade e sinceridade de coração.

Leia, numa atitude atenta de escuta, as palavras de Jesus no Evangelho deste dia.

Para fazer uma "travessia quaresmal" é preciso uma inspirada preparação e mobilização de todo o seu ser. Como você se propõe a viver as três práticas quaresmais: a oração, o jejum e a esmola?

O tema da Campanha da Fraternidade deste ano, "Fraternidade e Ecologia Integral", tem ressonância em seu interior? Que gestos concretos você poderia assumir para viver a ecologia integral?

Faça um colóquio com o Senhor, expressando o que seu coração sente neste momento. No final, examine a oração, dando especial atenção aos sentimentos elevados, pensamentos nobres, desejos profundos, apelos inspiradores etc. Registre tudo isso no seu caderno de vida.

Quinta-feira depois de Cinzas: 6 de março

"Se alguém quiser me seguir..." (Lc 9,23)

Dt 30,15-20 | Sl 1,1-2.3.4 e 6 (R. Sl 39,5a) | Lc 9,22-25

EVANGELHO DE JESUS CRISTO SEGUNDO SÃO LUCAS 9,22-25

Na experiência do Retiro Quaresmal, o desafio está em despertar a sensibilidade para assumir a criação como um santuário que deve ser respeitado e cuidado, que é a morada da vida, que foi a morada do Filho de Deus, e que continuará sendo a morada da Humanidade e de todas as criaturas.

E isso move cada pessoa em direção a um novo estilo de vida, a uma nova sensibilidade a fim de viver uma relação sadia com tudo e com todos. O caminho da Quaresma passa pelo coração, por isso, como seguidores(as) de Jesus, somos chamados(as) a retornar a Deus "de todo o coração", a não nos contentar com uma vida medíocre, mas crescer na relação com os outros e com a natureza.

Quaresma significa descentramento de si mesmo, esvaziamento do ego, significa, enfim, "gastar a vida" em favor da vida. Quem se compromete com a causa do Reino, encontra oposições, perseguições e até a cruz. Esse é o preço da fidelidade no seguimento de Jesus.

Para viver a oração:

Antes de "entrar em oração", faça a sua "oração preparatória", ou seja, entregue a Deus tudo o que vai acontecer neste tempo de intimidade com ele: suas ações, intenções, sentimentos, pensamentos, desejos etc.

Prepare o terreno interior, através dos "preâmbulos", isto é, a composição do lugar e a petição da graça, para deixar-se iluminar pela Palavra de vida. Mobilize sua mente e seu coração lendo, pausadamente, os "pontos" abaixo:

- Em sintonia com o movimento humanizador de Jesus, a Quaresma se apresenta como um momento privilegiado para despertar os nossos recursos internos e ativar nosso espírito fraterno. Para isso, é preciso redescobrir o caminho do coração a fim de viver um permanente processo de reconciliação e conversão. Esse é o sentido da cruz, como aparece o Evangelho deste dia. Não se trata de buscar sofrimento – como se algo assim fosse agradável a Deus. Ele quer que vivamos com intensidade, com inspiração, com alegria.
- Sabemos que a cruz só tem sentido quando é consequência de uma opção autêntica em favor da vida ou de uma verdade assumida: portanto, se sofremos soframos por levar adiante uma causa justa, por defender pessoas, por evitar um mal ou por denunciar uma injustiça. Jesus não morre na cruz para buscar o sofrimento, mas sim por ser fiel até o fim à sua mensagem: o amor incondicional de Deus e o compromisso com os excluídos.
- No grego, a palavra "cruz" se diz *staurós* e tem dois significados: de um lado, é patíbulo, instrumento de tortura imposta pelos romanos aos rebeldes do império; de outro, significa prontidão, preparado, mobilizado, firme, sólido, estar de pé, ser fiel até o fim.
- Jesus não buscou a cruz do sofrimento, o patíbulo, a morte violenta. Ele buscou a cruz da fidelidade, da vida comprometida. Nesse sentido, a *staurós*-cruz é vida aberta, expansiva, oblativa, vida descentrada em favor dos outros. Ela não é um evento, mas um modo de viver, pois perpassa toda a vida de Jesus. A *staurós*-cruz é vivida a partir de uma causa: o Reino.
- Nesse sentido, a cruz não é um "peso morto" a ser suportado; ela é antes consequência de uma opção radical em favor da vida. A cruz não significa passividade e resignação, pois ela brota de uma vida plena e transbordante. Em suma, a cruz resume, concentra, radicaliza, condensa o significado de uma vida vivida na fidelidade ao Pai, que quer que todos vivam intensamente.

- Assim entendemos a afirmação de Jesus: "se alguém quiser me seguir, renuncie a si mesmo, tome sua cruz de cada dia, e então me siga" (Lc 9,23).
- Carregar a cruz significa esvaziamento do próprio ego para viver em sintonia com a causa de Jesus e a fidelidade no compromisso com os outros. Por isso, o seguimento não é para medíocres, mas para pessoas corajosas, com espírito de iniciativa, abertas ao novo.
- É gratificante trazer à memória tantos homens e mulheres que são presença compassiva e, à maneira de Jesus, arriscam suas vidas em favor da vida; histórias silenciosas de tantas pessoas que com sua presença ajudam os outros a viver; pessoas que revelam a paixão pela vida em pequenas paciências cotidianas, que entregam suas vidas no escondimento, sem vozes que as exaltem. Essas são como o fermento silencioso que se dissolve na massa para fazê-la crescer.

Acolha, numa atitude de abertura, as palavras do Evangelho deste dia. Com a imaginação, situe-se diante de Jesus que fala do preço da fidelidade à causa do Reino e da vida. A "mediocridade" não tem lugar no caminho do Reino. O seguimento de Jesus não é para medíocres, mas para os(as) ousados(as), aqueles(as) que arriscam, que alimentam a capacidade de criar e inovar.

Sua vida tem sido determinada pela mediocridade do ego ou pela maneira inspirada de viver de Jesus? Converse com Jesus sobre os sentimentos e pensamentos que estão brotando do seu coração.

Termine a oração, fazendo um pequeno exame: o que ela me despertou? Quais sentimentos e apelos foram predominantes ("moções")? Faça o registro no seu caderno de vida.

Sexta-feira depois de Cinzas: 7 de março

"Por que motivo nós e os fariseus jejuamos tanto e os teus discípulos não jejuam" (Mt 9,14)

Is 58,1-9a | Sl 50(51),3-4.5-6a.18-19 (R. 19b) | Mt 9,14-15

EVANGELHO DE JESUS CRISTO SEGUNDO SÃO MATEUS 9,14-15

Todo o Tempo Quaresmal se revela como um contínuo convite a recomeçar um caminho novo. Talvez seja necessário refazer nossa rota de vida, pois nos desviamos por caminhos que levaram ao autocentramento, à superficialidade, à frieza nas relações com os outros, à insensibilidade ecológica, ao consumismo, ao afastamento da presença de Deus.

A vivência quaresmal leva-nos a descer até a raiz da vida, à fonte germinal, porque só a partir dali é que podemos construir o fundamento de uma nova vida centrada no seguimento de Jesus. O decisivo são os encontros surpreendentes que acontecem ao longo da travessia do deserto existencial, sobretudo na relação com os pobres, excluídos, aqueles que estão à margem da vida.

Para viver a oração:

Oração não se improvisa: ela requer uma verdadeira "liturgia", ou seja, uma preparação interna e externa, exige que se crie um ambiente silencioso e se mobilize todo o ser. Por isso, é importante usar das "adições inacianas" para alimentar "o ânimo e a generosidade" diante do Deus surpreendente, deste que sempre tem algo novo a revelar.

Escolha um lugar favorável, uma posição corporal pacificada, alimente a quietude interna através de respirações tranquilas e do esvaziamento de todos os ruídos. Abra o seu coração à presença de Deus através dos "preâmbulos", isto é, da oração preparatória, da composição do lugar, da petição da graça.

Leia os "pontos" abaixo para ajudar a centrar-se no essencial:

- Mais uma vez, a liturgia deste início de Quaresma nos ajuda a recuperar o verdadeiro sentido do jejum; em primeiro lugar, porque nos associa ao jejum de Jesus; depois, porque nos inspira a viver uma relação justa e harmoniosa com os alimentos, não nos deixando possuir por eles nem querendo possuí-los, o que seria afeição desordenada. A justa relação com as coisas, entre os quais os alimentos, consiste em reconhecer com gratidão o valor destes dons que Deus criou para suprir as necessidades básicas de todos.
- Fazer jejum não se limita a renunciar algo (alimento, bebida, vícios etc.). Tal atitude pode nos levar a farisaísmos ou voluntarismos, quando o centro somos nós mesmos.
- Com o jejum aprendemos a conhecer e a ordenar nossos diferentes apetites mediante a moderação do apetite fundamental e vital: a fome. Aprendemos, desta maneira, a regular nossas relações com os outros, com a realidade exterior e com Deus, relações muitas vezes motivadas pela voracidade. Ao mesmo tempo, o jejum nos desperta a "fome essencial": fome de sentido, fome do Reino, fome em favor da vida.
- Em sentido bíblico, o jejum vai além de um ato voluntário: significa uma "atitude de vida"; ele nos humaniza, faz-nos descer do pedestal e nos torna mais sensíveis e solidários; fazer jejum tem sentido quando brota da sensibilidade que evita o desperdício, o consumo desenfreado, o esbanjamento.
- Na linguagem inaciana, jejuar é "sair do próprio amor, querer e interesse", ou seja, é viver na simplicidade de quem renuncia a um eu inflado em favor de um mundo diferente, em que predomina a partilha.

- Jejuamos para crescer; jejuamos para recordar que as "coisas" não são um fim, mas um meio; jejuamos como forma de olhar ao redor e recordar que a realidade é muito mais ampla que nossa própria situação.
- Jejuar não é "deixar de comer". É aceitar de maneira consciente que nossos desejos, nossas necessidades, nossos interesses, nossas preocupações não são o centro do mundo.
- Por isso, jejuar pode ser um convite a ordenar a mente, a pacificar o coração, a serenar os olhos, a guardar a língua, a purificar a tendência ao imediatismo, ao falso moralismo, ao puritanismo e ao perfeccionismo. Por lembrar-nos de nossa fragilidade, o jejum pode nos tornar sensíveis ao próprio mistério da vida que somos. Jejuar é colocar em questão a razão de ser da vida: para quê e para quem vivemos?

Leia e deixe-se "abrasar" pelas Palavras do Evangelho deste dia.

Ao longo da Quaresma, você é movido(a) a "cristificar" suas relações básicas: com Deus, com os outros, com a natureza e consigo mesmo. Verifique sua vivência frente a estas relações: qual delas está mais fragilizada? como alimentá-las? como torná-las mais oblativas, mais abertas?

De que você precisa jejuar?

a. De palavras ácidas, para então aprender a escutar e proferir palavras animadoras.
b. Dos pensamentos negativos, para então viver com inspiração cada momento.
c. Do uso excessivo dos meios eletrônicos, para então alimentar encontros mais sadios.
d. Da comida, da roupa, da bebida, dos bens supérfluos, para então ser capaz de agradecer tanta diversidade de dons.
e. Dos ressentimentos, das tristezas, dos medos e de outros sentimentos negativos, para que então a vida possa fluir com mais liberdade.

Entre em diálogo profundo com o Senhor, expressando o que seu coração sente. No final, faça um breve exame da oração, recordando os sentimentos e pensamentos mais inspiradores ("moções"). Registre no seu caderno de vida.

Sábado depois de Cinzas: 8 de março

Repetição inaciana:

Na metodologia inaciana de oração, a "repetição" tem lugar importante. Segundo Santo Inácio, "não é o muito saber que sacia e satisfaz nosso interior, mas sentir e saborear as coisas internamente". Trata-se de uma sabedoria do coração, ou seja, não há progresso espiritual quando não se tira o maior proveito possível das "lições" que Deus comunicou nos tempos anteriores da oração.

O termo "repetição" não significa "fazer de novo" um determinado exercício, mas "revisitar" o percurso vivido anteriormente, com uma nova expectativa. Trata-se de um retorno aos sentimentos mais elevados, às moções mais inspiradoras, aos apelos mais fortes que apareceram nos tempos de oração, neste início do Tempo Quaresmal. É voltar, para saborear novamente, os momentos especiais da Graça, os "toques divinos" através dos quais Deus começou a revelar sua Vontade.

- Como sempre, comece a oração de repetição investindo na preparação interna e externa: "adições", "preâmbulos" etc.
- Retome o seu caderno e faça memória de dois ou três sentimentos de consolação e/ou desolação que foram mais intensos nestes primeiros dias da Quaresma.
- Por onde passou o Senhor? Que maravilhas ele já realizou neste início do percurso quaresmal? Alimente uma "memória agradecida": tudo é dom. Tudo é dado gratuitamente.
- Mobilize todo o seu ser para viver com mais intensidade o percurso quaresmal.
- Alimente o ânimo e a generosidade para deixar-se conduzir pelo Espírito na direção da Primeira Semana da Quaresma.

PRIMEIRA SEMANA DA QUARESMA

Pe. Adroaldo Palaoro, SJ

"Pois nele tudo foi criado, nos céus e na terra" (Cl 1,16)

Introdução

No início desta Quaresma somos convidados a estar com Jesus no deserto. O "deserto" nos sacode e nos desnuda, porque desmascara nossas falsas seguranças. Por isso, somos movidos a buscar nossas raízes mais profundas.

O deserto também esvazia nosso ego e nos faz mais sensíveis, solidários e comprometidos diante do flagelo da destruição do meio ambiente.

"Deus viu que tudo era muito bom" (Gn 1,31): com esse lema, a Campanha da Fraternidade deste ano nos provoca e ao mesmo tempo amplia nossa visão em direção à grandeza da Criação, Casa Comum de todos.

A preocupação pela vivência de uma ecologia integral não é opcional para quem deseja viver o seguimento de Jesus: é missão de todos nós. "Ser protetores da obra de Deus é parte essencial de uma existência virtuosa, não consiste em algo opcional nem em um aspecto secundário da experiência cristã" (*Laudato si'*, n. 217).

O decisivo, porém, é que seja uma "ecologia com Espírito", motivada, alentada e inspirada por ele e seu projeto de novos céus e nova terra. Na experiência espiritual da Quaresma, é pedido a cada um de nós que, juntos com Jesus, mergulhemos os pés no "chão da vida", na vivência do deserto, como as raízes na obscuridade. O movimento de enterrar profundamente as raízes possibilita a seiva, o pulsar da vida e o equilíbrio. Sentir que somos Terra faz-nos ter os pés no chão da vida e viver em comunhão com a comunidade das criaturas. A hora é de somar em prol da vida e no cuidado de todos os seres da Terra.

Pedido de graça da semana:

Senhor, dá-nos um coração contemplativo,
capaz de admiração, assombro e gratidão diante da beleza
e vastidão da Criação, dom de Deus.

Domingo da 1ª Semana da Quaresma: 9 de março

"Então Jesus foi conduzido pelo Espírito à parte alta do deserto..." (Lc 4,1)

Dt 26,4-10 | Sl 90(91),1-2.10-11.12-13.14-15 (R. cf. 15b) | Rm 10,8-13 | Lc 4,1-13

EVANGELHO DE JESUS CRISTO SEGUNDO SÃO LUCAS 4,1-13

O primeiro domingo da Quaresma nos apresenta o relato das tentações de Jesus no deserto, que ajudam a desvelar o sentido de sua missão, seu caminho, seu destino. É relevante o fato de que se vincule a ida de Jesus ao deserto após o batismo, sendo conduzido pelo Espírito.

O deslocamento de Jesus ao deserto está em profunda sintonia com a experiência vivida pelo povo judeu. Foi no deserto que Israel aprendeu a descobrir e a confiar em Deus. Longe da segurança do Egito, emergiu o que havia no fundo do seu coração. Os profetas cantaram o tempo do deserto como o tempo das obras maravilhosas de Deus. Foi no deserto que o povo de Israel sentiu profundamente sua pequenez e total dependência de Deus.

No fundo, o Êxodo foi um tempo de profundo discernimento coletivo, que desembocou numa radical opção pela liberdade, porque um povo só é livre quando pode decidir o rumo de seu caminhar.

Antes de começar a contemplação, prepare-se e deixe-se conduzir pelo Espírito ao deserto de seu interior.

Para viver a oração:

Busque um lugar tranquilo, longe dos ruídos (aparelhos eletrônicos); escolha a melhor posição corporal; alimente um silêncio interior.

Esteja atento aos preâmbulos: a) composição do lugar (imagine o deserto onde você vai estar com Jesus); b) peça a graça indicada para esta semana.

Leia os "pontos" abaixo como motivação para ajudar no percurso do deserto.

- Jesus, como todos os profetas, antes de assumir sua missão, foi conduzido pelo Espírito ao deserto. Frequentemente ele recorria a esta experiência em meio à sua vida ativa: afastava-se para lugares solitários, confrontava a sua missão com a Vontade do Pai.
- Todos os personagens bíblicos, todos(as) os(as) santos(as) passaram pela experiência de deserto: peregrinação interior, confronto com a própria vida, comunhão com o Senhor, descoberta da própria missão. "Eu a(o) levarei para o deserto e lhe falarei ao coração" (Os 2,16).
- O deserto é lugar da Aliança, escola da intimidade com o Senhor. É expressão que, mais do que um determinado lugar, indica uma experiência forte de Deus. O tempo do deserto foi, para Jesus, um tempo de discernimento sobre os melhores "meios" para viver seu messianismo. As tentações não diziam respeito ao "ser messias" de Jesus; isto estava claro e fora confirmado pela experiência do seu batismo: "Tu és o meu filho bem-amado" (Mc 1,11).
- As tentações de Jesus aconteceram no campo das mediações: entre pensar em seu próprio interesse ou deixar-se conduzir pela vontade do Pai; entre impor seu poder como Messias ou colocar-se a serviço daqueles que mais precisavam; entre buscar a própria glória e prestígio ou manifestar a compaixão de Deus para com aqueles que sofriam; entre evitar riscos para fugir da perseguição ou entregar-se fielmente à sua missão, confiando somente no Pai.
- De fato, os meios apresentados pelo "tentador", humanamente falando, são os mais eficazes que se poderiam imaginar: vão da possibilidade de transformar as pedras em pão ao prestígio indiscutível

de quem salta do alto do templo, sustentado pelos anjos, culminando na entrega de todo o mundo a seus pés. Quem resistiria a um homem com tais meios? Todos seriam atraídos porque teria em suas mãos o poder total e o domínio absoluto.

- Eis aqui a intuição e a genial proposta do tentador: salvar e libertar toda a humanidade, mas mediante o poder, o prestígio, a dominação e a riqueza. São essas mesmas "tentações" que têm um impacto destruidor no nosso meio ambiente, tornando-o um "deserto desolador".
- A Quaresma, nesse sentido, apresenta-se como um caminho para aprender a esvaziar nosso ego de toda pretensão de poder, de toda vaidade, de todo autocentramento, e, então, a viver a fraternidade com tudo e todos. Este tempo litúrgico nos ajuda a compreender que a Criação é um "dom" de Deus para a humanidade, que é o espaço de Deus e de sua relação conosco e nossa com ele, onde ele atua em nós e onde podemos encontrá-lo e ter acesso a seu amor.
- A Terra não é lugar para a espoliação e a devastação, mas para o louvor e o serviço a Deus. Ela não foi criada para o alimentar o consumismo, mas para ativar a vida. Não é para que uns poucos se apropriem dela, como se fossem seus donos, mas para abrigar e alimentar a todos. Não é campo para a guerra, mas para a convivência fraterna, a solidariedade, a justiça e a paz.
- Com isso, a ecologia integral se converte numa aventura espiritual que nos permite construir uma espiritualidade ecológica e nos ensina a abraçar o cosmo e o Deus presente nele.

Com a imaginação, permaneça junto a Jesus, no deserto, e se deixe inspirar por sua liberdade diante das propostas tentadoras. Faça a opção pelo esvaziamento destas más tendências e reafirme sua opção em favor dos últimos, na pobreza, na partilha.

Todos temos muitas atitudes, posses, ideias, cargos, posições e bens que consideramos ser vontade de Deus, mas que na realidade não são mais que projeções de nossos medos, de nossa insegurança. O desafio permanente é este: examinar as "coisas" que vêm ocupando por completo nossa existência e tomando conta de nós a ponto de bloquear o fluxo da graça e da vida.

Quais “tentações” estão travando sua vida, impedindo-o(a) de seguir a Jesus mais livremente?

Prepare seu compromisso com o cuidado da Casa Comum e faça um “colóquio” com o Criador de tudo, louvando e agradecendo pela diversidade da Criação. Por fim, examine sua oração e registre, no caderno de vida, os sentimentos, apelos, luzes etc. que vivenciou nesse momento.

Segunda-feira da 1ª Semana da Quaresma: 10 de março

"Diante dele estarão reunidas todas as nações, e ele separará os homens uns dos outros..." (Mt 25,32)

Lv 19,1-2.11-18 | Sl 18(19),8.9.10.15 (R. Jo 6,63c) | Mt 25,31-46

EVANGELHO DE JESUS CRISTO SEGUNDO SÃO MATEUS 25,31-46

A parábola do "juízo final" nos fala do nosso "modo de proceder", no aqui e agora, inspirado no modo de ser e de agir de Jesus. Escrita para despertar nossa responsabilidade no presente, para promover o melhor que há em nós e afastar tudo o que nos desumaniza, nesta parábola encontramos seis situações de necessidades básicas. Não são casos irreais. São situações que acontecem em todos os povos e em todos os tempos. Em toda parte, há famintos e sedentos, há imigrantes e desnudos, enfermos e encarcerados.

Em cada pessoa que sofre, Jesus vem ao nosso encontro, ele nos olha, interroga e inspira a prolongar a sua atuação em favor dos excluídos. É preciso aprender a olhar com compaixão o rosto dos que sofrem, sobretudo as vítimas da destruição da Casa Comum. Ao mesmo tempo, é preciso ativar nossa sensibilidade solidária, que se visibiliza em ações concretas em favor da vida, das pessoas e das criaturas.

Para viver a oração:

Antes de entrar em oração, esteja atento(a) às "adições": escolha um lugar tranquilo, uma posição corporal serena, tome consciência de estar diante de Deus, aquiete-se. Entre na "tenda do encontro", espaço interior habitado pela presença do Senhor.

Leia o Evangelho indicado para este dia: relato do Juízo Final. Por fim, leia os "pontos" abaixo para aquecer e preparar seu terreno interior.

- A parábola contada por Jesus é um exercício de discernimento, para verificar qual é o "espírito" que está nos movendo e para onde ele nos impulsiona: o "espírito" de compaixão, solidariedade, compromisso ou o "espírito" de autocentramento, de preconceito, de indiferença? Toda a cena do juízo final se concentra em um diálogo longo entre o juiz, o "Filho do Homem", e dois grupos de pessoas: aquele que alivia o sofrimento dos mais necessitados e aquele que, insensível, nega-lhes ajuda.
- É preciso nos situar diante daquele que é nossa referência última, Jesus Cristo, para ativar em nós uma sensibilidade que quebra toda a distância e nos impulsiona a nos deslocarmos junto àqueles que são os "deslocados" do mundo, vítimas de estruturas sociais de morte.
- Ao longo dos séculos, os cristãos viram neste diálogo fascinante da parábola "a melhor recapitulação do Evangelho", "o elogio absoluto do amor solidário" ou a advertência mais grave contra aqueles que vivem refugiados numa "religião" falsa. O decisivo diante de Deus não são as "práticas religiosas" que alienam, mas os gestos humanos de ajuda aos necessitados e de cuidado para com a vida. Tais ações podem brotar do coração de uma pessoa que crê em Deus ou do coração de um ateu que atua em favor daqueles que sofrem.
- A mensagem de Jesus é completamente clara neste ponto: o critério de salvação não é religioso, mas é antes uma atitude ética do cuidado; não tem a ver com crenças alienadas, mas com "entranhas compassivas". A religião verdadeira é aquela que é mediação para ajudar a viver hoje o que Jesus viveu no seu tempo. Afinal, somos seguidores(as) de uma Pessoa e não de uma religião, doutrina, rito.

- Na realidade, não é o Rei Eterno quem julga; cada um de nós se dirige para o lugar que escolheu durante a vida. Uns reagiram com compaixão diante dos necessitados, outros viveram indiferentes diante de seus sofrimentos. O "castigo" ou a "vida eterna" (plena) não é obra de um "deus exterior", mas sim o resultado de uma determinada maneira de viver, portanto, ou vivemos uma vida fechada na ignorância, enclausurada em si mesma, ou, o seu contrário, uma vida lúcida e desperta.
- O "inferno" não é um lugar ao qual Deus nos condena, mas uma situação onde nós mesmos nos "fechamos". É o que na Bíblia se chama "o endurecimento do coração", que se opõe à bondade e, por isso, petrifica-se na maldade. Não é Deus que nos envia ao inferno, mas é o endurecimento do coração que nos fecha e nos isola.

A experiência cristã entende a compaixão como hábito do coração; por isso, ela deixa de ser "ocasional" e passa a ser um "estilo de vida", fundado no modo de viver de Jesus Cristo. Compaixão significa deixar-se afetar pelo "mundo do sofrimento e da injustiça e não ficar indiferente".

Seu modo de viver o seguimento de Jesus tem a marca da compaixão ou se restringe a "práticas religiosas tóxicas", autocentradas na mera observância de leis, ritos, doutrinas?

Entre em diálogo com o Senhor sobre os dramas vividos por muitas pessoas, vítimas da fome, da violência, da exclusão. Alimente o desejo de ser presença solidária e compassiva junto à "massa sobrante".

Faça a revisão de sua oração: por onde passou o Senhor? Que apelos despertou? Anote, no seu caderno de vida, as inspirações e provocações da parábola do Juízo Final.

Terça-feira da 1ª Semana da Quaresma: 11 de março

"Portanto rezai assim: Pai nosso que estás nos céus" (Mt 6,9)

Is 55,10-11 | Sl 33(34),4-5.6-7.16-17.18-19 (R. 18b) | Mt 6,7-15

EVANGELHO DE JESUS CRISTO SEGUNDO SÃO MATEUS 6,7-15

A oração de Jesus mostra um Deus que possui uma enorme sede de relacionamentos. Ele é um Pai que deseja entrar em diálogo com todos. É significativo que Jesus comece a falar de um Pai que quer se aproximar de todos, sem barreiras e preconceitos.

Fixando-nos em Jesus, os nossos olhos e o nosso coração aprendem, na graça do Espírito Santo, o caminho para o Pai. No nosso interior devemos sentir que rezamos continuamente.

A oração de Jesus é revolucionária, instigante e provocativa, ela nos liberta do cárcere da rotina, resgata-nos do desânimo e alimenta a consciência de que somos conduzidos por uma presença amorosa e cuidadora.

No pai-nosso, proclamamos que "Deus está nos céus", ou seja, que está presente em tudo e em todos: tudo é santuário do Deus Providente, tudo é sua morada. Por isso, toda a Criação é um Grande Templo, habitado pela Presença divina. Crer no "Deus que está nos céus" é comprometer-se com o cuidado de sua obra. A fé no Deus Providente é fundamento para a vivência de uma ecologia integral.

Para viver a oração:

Comece sua oração cuidando da "tenda do encontro interior": ambientação externa, atitude de silêncio, centralização na presença de Deus.

Com a imaginação, faça a composição do lugar onde Jesus proclamou a oração do pai-nosso. Alimente uma atitude filial. Peça a graça indicada para esta semana.

Leia as indicações abaixo como motivação para "entrar" no clima de intimidade com Deus:

- Os evangelhos nos revelam que Jesus, em muitas ocasiões, e sem deixar-se prender pelas necessidades urgentes, pelas expectativas de seus amigos e pelas ameaças de seus inimigos, afastava-se de seus discípulos, do povo, dos espaços habituais, das atividades missionárias para orar. Essa distância, que o fazia entrar em intimidade com o Pai, ia gerando nele uma nova sensibilidade para perceber os acontecimentos e a ação do Pai no centro da realidade, de modo que podia assim anunciar a surpreendente boa-nova do Reino.
- Sabemos que Jesus vivia uma profunda sintonia com o Pai, sintonia que se manifestava no seu modo de orar: ele orava nos momentos difíceis, dava graças ao Pai e o louvava por ter revelado os mistérios do Reino aos pequenos; orava solicitando o perdão na Cruz para aqueles que o crucificavam; rezava nos momentos decisivos da missão, no batismo, na pregação, na eleição dos discípulos, na transfiguração etc.
- Sua oração contagiava, despertava interesse nos outros até o ponto de seus amigos lhe pedirem que lhes ensinassem a orar, porque viam que ele tinha outra profundidade e superava os formalismos e as orações recitadas de memória.
- O que é mais original e revolucionário em Jesus é a atitude de dirigir-se abertamente ao Pai com palavras simples e emotivas, na linguagem de todos os dias. Na sua oração, Jesus revela um Deus Pai-Mãe, cheio de ternura e compaixão, que toma iniciativa e rompe as distâncias, entrando em comunhão com seus filhos e filhas. Por isso, a primeira palavra da oração de Jesus expressa um grito que ecoa

além dos limites do espaço e do tempo. Jesus não disse "Deus nosso que estais no céu", ou "Criador nosso", ou "Todo-poderoso nosso". É significativo que tenha dito "Abba", Pai.

- Para Jesus de Nazaré, Deus não quer que os seres humanos tenham medo em sua presença, mas que lhe sejam íntimos; não quer demonstrar poder que desperta pavor, mas sensibilidade que alimenta proximidade; não quer controlá-los, mas fomentar sua liberdade. Segundo Jesus, o Deus que se esconde atrás da cortina do tempo e do espaço não é um juiz a ser temido, mas um Pai sensível, providente, cuidadoso, que quebra distâncias e se aproxima de todos.

Rezar o pai-nosso utilizando o segundo modo de orar proposto por Santo Inácio, ou seja: "Contemplar o significado de cada palavra da oração". Dizer palavra por palavra, por exemplo, "Pai nosso" e saborear esta palavra enquanto encontrar significados, sentidos novos, comparações, gosto e consolação, sem se preocupar em passar adiante.

Como filho(a) muito amado(a), faça um colóquio com o Pai, expressando em palavras o que está no seu coração.

Faça um exame da oração: atente-se aos sentimentos elevados, pensamentos nobres, luzes, apelos e registre no seu caderno de vida.

Quarta-feira da 1ª Semana da Quaresma: 12 de março

"... porque se converteram com a pregação de Jonas" (Lc 11,32)

Jn 3,1-10 | Sl 50(51),3-4,12-13.18-19 (R. 19b) | Lc 11,29-32

EVANGELHO DE JESUS CRISTO SEGUNDO SÃO LUCAS 11,29-32

Quando falamos de conversão, estamos nos referindo a um estilo de vida diferente, a uma mudança qualitativa de vida. A conversão tem muito a ver com as atitudes diante das coisas, das pessoas e de Deus. Tem a ver com o êxodo, ou saída, de uma maneira de viver, na qual dávamos importância a determinadas coisas, para começar a dar importância a outras coisas.

O termo "conversão", nos idiomas de origem latina, significa mudança ou giro, dar meia-volta, ter à vista outro caminho para andar, outra senda a empreender com uma inversão de direção; no grego se diz *metanoia*, de "meta-noeô" ("mais além da mente"), que significa mudança ou elevação de pensamento ("nous" ou mente), no sentido de superação do pensamento antigo, feito de armadilhas e mentiras, buscando torná-lo mais oblativo.

Assim, a conversão nos convida a "outro modo de pensar, de ver, de agir", sobretudo na relação com a Criação inteira. Viver a ecologia integral supõe um coração aberto e acolhedor de todas as expressões de vida.

Para viver a oração:

"Entre" em sua oração alimentando uma expectativa de estar com o Senhor, de dialogar com ele. Por isso, não se entra na oração de qualquer jeito: é preciso caprichar na preparação da "tenda interior", afinal você vai se fazer presente ao Deus já presente.

Recorde as "adições", lugar, posição corporal, pacificação interior, distanciamento de tudo aquilo que distrai. Tenha presente os preâmbulos, ou seja, traga o relato bíblico e imagine a composição do lugar, entre na cena para escutar as palavras de Jesus e, por fim, peça a graça indicada para esta semana.

Leia os "pontos" abaixo, para ajudar a aquecer o ambiente da oração:

- Quaresma é um chamado contínuo à conversão. Sem dúvida alguma, o pano de fundo desse chamado faz referência à mudança de conduta e de caminho. É como se Jesus dissesse: "mudai e superai vossa maneira de ser, de modo que possais orientar-vos novamente para Deus e sua justiça". Em um sentido mais profundo ainda, essa palavra indica uma mudança de mentalidade, uma transformação de todo o ser, na linha da fé, na direção do Reino, ou seja, um passo ou salto de vida em Deus, que é gratuidade criadora e comunhão.
- Entendida assim, a vivência cristã da conversão passa a ser compreendida como um novo nascimento, um contínuo "re-nascer" para uma vida sempre maior.
- Todos nós passamos por contínuas crises, e cada crise é um chamado contínuo a uma mudança de vida, uma mudança de mente e de coração, uma *metanoia* que nos coloca em sintonia com uma nova humanidade e em marcha para uma plenitude humana.
- O apelo à conversão toca diretamente ali, no coração, onde brota a confiança que acalma os medos, as alianças que geram relações verdadeiras, as metas que dão sentido à vida; ali onde nasce o amor maior, capaz de dar fruto; ali onde o "eu" aprende a amar o "tu"; ali onde se descobre que em cada um há uma aspiração de "infinitude", que só o Eterno pode preencher; ali, justo ali, é onde brotam as

"beatitudes originais", ou seja, do coração que descobre o essencial e se afasta do superficial, que sente o desejo de um amor incondicional ao qual quer responder no silêncio e na intimidade.

- É preciso considerar a vida em movimento, em contínua conversão, em processo permanente de transformação que vai despertando o que é mais nobre e divino no mais profundo de cada um. Ali estão presentes, aguardando um momento para se expressar, as sementes da gratuidade, da bondade, da compaixão, da solidariedade.
- "Conversão", portanto, é um retorno à própria interioridade.

É Deus quem nos converte, quando o deixamos agir em nós. É Deus quem transforma nossas vidas e nos dá profundidade e plenitude. É Deus quem nos faz amadurecer, crescer e assumir a vida com toda a sua riqueza. Abra espaço em seu coração para que Deus "des-vele", tire o véu, tudo aquilo que está bloqueado e petrificado em sua vida.

Alimente desejos de uma profunda conversão: verifique todas as dimensões de sua vida, a pessoal, a comunitária, a social etc., que precisam ser transformadas pela Graça de Deus.

Inspirado(a) no tema da Campanha da Fraternidade, é preciso também uma conversão ecológica, ou seja, assumir maior sensibilidade no cuidado e preservação do meio ambiente. Como viver com mais radicalidade este apelo?

Faça um colóquio demorado com o Senhor, ora louvando, ora suplicando, ora silenciando. Não esqueça do exame da oração, no final, fazendo a registro das "moções", isto é, dos sentimentos, desejos, inspirações, luzes, apelos etc. que mais presença tiveram em sua oração.

Quinta-feira da 1ª Semana da Quaresma: 13 de março

"Quem de vós dará uma pedra ao filho que pede pão?" (Mt 7,9)

Est 4,17 | Sl 137(138),1-2a.2bc-3.7c-8 (R. 3a) | Mt 7,7-12

EVANGELHO DE JESUS CRISTO SEGUNDO SÃO MATEUS 7,7-12

Os evangelistas realçam que Jesus sempre foi um homem de oração, de profunda intimidade com o Pai. A oração fluía naturalmente, tantos nos tempos de "deserto" como em meio às suas atividades junto às pessoas. Além disso, foi um "Mestre da oração", procurando despertar nos seus seguidores uma profunda confiança no Pai.

Entre as diferentes "instruções" de Jesus sobre a oração, encontra-se a "oração de petição". Nela, o polo de atenção passa das nossas necessidades para a bondade de Deus. Sempre é uma oração em Deus, uma oração daquele que vive para Deus confiando em Deus.

A oração não é uma atividade reservada para alguns tempos e lugares. É muito mais uma atitude de profunda sintonia e sentimento de presença do Pai.

Nas "instruções" dadas por Jesus, descobrimos que a oração é um ambiente vital no qual respira, cresce e se desenvolve a vida do(a) discípulo(a). A oração é uma atividade de todos os dias, em todos os lugares e em todas as situações. Se é um diálogo íntimo com o amigo, com o Pai, é possível realizá-la sempre e em todo o lugar.

Para viver a oração:

Mobilize-se, exterior e interiormente, para viver um tempo de profunda intimidade com Deus. Dê destaque à preparação da oração: marcar o tempo, o lugar, o texto bíblico. Tenha presente os preâmbulos que ajudam a aquecer o coração e a criar um ambiente propício para uma escuta e um diálogo íntimo com o Senhor.

Siga os "pontos" abaixo como ajuda para fortalecer o encontro com o Senhor:

- A *oração de petição* tem um sentido muito nobre porque com isso confessamos a nossa condição de filhos e filhas diante de Deus, manifestamos a nossa confiança e reconhecemos a sua grandeza, seu Santo Nome e seu Amor para conosco.
- Quem pede, não se impõe; vem sem exigir, espera sem obrigar, pede porque ama e confia na resposta daquele de quem se aproxima.
- Ao entrarmos no fluxo do Amor providente do Pai, a oração de petição dilata nosso coração para receber aquilo que pedimos; ao mesmo tempo, ela nos sensibiliza a perceber que estamos envolvidos por muitas graças e dons. É uma mudança no coração de quem pede. A petição é mobilização, é despertar, é preparação para coisas maiores, é abertura para as surpresas que Deus tem reservado para nós.
- O sentido da petição não está tanto no ato de pedir, mas nas atitudes fundamentais quando pedimos. Assumimos a atitude do pobre, que tudo agradece e tem consciência de esperar tudo de Deus? O que tem sentido não é a petição em si, mas a humilde gratidão, a acolhida agradecida, a confiança incondicional. Na petição confessamos que dependemos de Deus e que sozinhos não nos bastamos. A oração bem feita é a pedra de toque de nossa fé e de nossa humildade. Aqui o que se destaca é a certeza de que Deus nos escuta.
- Na oração de petição não estamos sozinhos. A humanidade e a Criação inteira suplicam através de nossa voz. Rompemos nosso intimismo e fazemo-nos "porta-vozes" das pessoas e das criaturas que rezam através de nós. Ao pedir uns pelos outros, suscitamos comunhão: a vida adquire, dessa forma, um conteúdo mais profundo,

porque nos sentimos implicados, solidários, na mútua ajuda da petição e da resposta.

Leia, saboreando, o Evangelho deste dia. Sinta-se como discípulo(a) sentado(a) aos pés do Mestre para aprender dele a arte da oração, da intimidade confiante. Faça memória das suas orações de petição: nelas, há lugar para os outros? Você se sente porta-voz dos irmãos na fé?

Faça um exame da oração, dando especial atenção aos apelos, sentimentos nobres etc. Anote as "moções" no seu caderno de vida.

Sexta-feira da 1ª Semana da Quaresma: 14 de março

"... vai primeiro reconciliar-te com teu irmão" (Mt 5,24)

Ez 18,21-28 | Sl 129(130),1-2.3-4.5-6.7-8 (R. 3) | Mt 5,20-26

EVANGELHO DE JESUS CRISTO SEGUNDO SÃO MATEUS 5,20-26

O Evangelho deste dia faz parte do chamado "discurso do Monte", do qual Mateus recolhe os ensinamentos de Jesus que são o fundamento de sua nova comunidade de seguidores(as).

Jesus conhece a fragilidade humana e sabe que do interior do ser humano podem brotar impulsos de morte, de violência, de ódio, de intolerância, rompendo com eles a harmonia comunitária. Jesus tem consciência de que nenhuma comunidade sobrevive se a reconciliação não se fizer presente em seu interior, se não for hábito de vida.

E o que é reconciliação? É restabelecer a concórdia ("cum-cordis"), é viver a partir do coração, isto é, a amizade entre várias partes que vivem em estado de inimizade. Voltar à situação anterior, ou seja, restaurar a relação com Deus, consigo mesmo, com os outros, com a natureza implica a difícil arte de reconstruir o que fora quebrado, de refazer os vínculos rompidos, de realimentar a comunhão violentada.

Reconciliar é cuidar para que as relações interpessoais sejam pautadas pelo amor, pela compaixão, pela acolhida mútua... É ação bilateral, de duas mãos, pois implica na construção de uma comunidade cristificada.

Para viver a oração:

O encontro verdadeiro e íntimo com Deus não se improvisa: é preciso investir na preparação. Aqueça o seu coração com as seguintes "adições": escolher um lugar silencioso e acolhedor; buscar uma posição corporal confortável; tomar distância dos ruídos dos meios eletrônicos; silenciar interiormente; tomar consciência de estar diante de Deus.

Esteja atento(a) também aos "preâmbulos": recordar a história da passagem bíblica; preparar a composição do lugar com o uso da imaginação; pedir a graça que quero e desejo, em especial a da semana.

Para chegar ao "colóquio" com o Senhor, mobilize sua memória, inteligência e vontade através dos "pontos" abaixo:

- Vivemos um momento histórico de intensos conflitos, ódios, divisões, separações. É visível que na sociedade atual se espalha, cada vez mais, uma linguagem que reflete o crescimento da agressividade, do preconceito, da intolerância, do fechamento diante de quem pensa e sente de maneira diferente. Cada vez são mais frequentes os insultos e as ofensas, proferidos só para humilhar, desprezar e ferir. Estas são palavras nascida da rejeição, do ressentimento, do ódio e da vingança.
- Da mesma forma, as conversações, sobretudo nas redes sociais, estão permeadas de palavras injustas, que espalham condenações e semeiam suspeitas (*fake news*). São palavras ditas sem amor e sem respeito, que envenenam a convivência, causam danos e rompem as relações entre as pessoas.
- No entanto, professamos nossa fé naquele que é presença reconciliadora do Pai. É preciso compreender a incoerência vergonhosa que seria viver uma vida ao mesmo tempo na fé em Deus e no fechamento do mundo. Por isso, é urgente deixar-nos inspirar pela reconciliação vivida por Jesus.
- A reconciliação não é uma atitude que se obtém de uma só vez, nem é fruto do esforço humano. Ela é muito mais um dom, ou melhor, um "per-donum", um dom em excesso; o excesso e a surpresa que acontece quando Deus se revela plenificando nossos desejos mais

profundos e comunicando-nos a paz. A fonte da reconciliação está no coração de Deus.

- Nosso coração, semelhante ao coração de Deus, também é jorro criativo de reconciliação. Deus confiou a todos nós o ministério da reconciliação. Na vivência da reconciliação, como atitude permanente, nós deixamos transparecer o rosto misericordioso de Deus.
- Nossa vocação é a de construir pontes e ser presença reconciliadora em situações de conflitos, colocando nossas energias, nossa formação, nossa vida a serviço para criar, alimentar e sustentar os laços humanos, as relações sociais, as estruturas sociais, políticas e econômicas, o cuidado da Casa Comum, de maneira que se tornem possíveis o diálogo, a solidariedade e o encontro entre todos os seres humanos e de todos com a Criação; que a reconciliação nos ajude a construir um mundo fraterno, justo e belo.

Com a imaginação, coloque-se diante de Jesus e escute os ensinamentos que ele está revelando para sua nova comunidade de seguidores(as). Deixe que ele ilumine seu coração para ver se há resquícios de intolerância, violência, ódio. Abra espaço em seu coração e em seu cotidiano para que a reconciliação seja seu "modo de proceder" constante.

Entre em conversação com ele, faça seu colóquio manifestando o que você sente no seu interior. Revise a sua oração, dando especial atenção aos sentimentos oblativos, elevados, e registre no seu caderno de vida o que julga mais importante.

Sábado da 1ª Semana da Quaresma: 15 de março

Repetição inaciana:

A repetição é um exercício memorial, carregado de gratidão e de louvor. É um tempo de retorno agradecido à experiência vivida durante esta semana da Quaresma.

É um modo de orar característico dos *Exercícios Espirituais*: revisitar os dons recebidos, os apelos que foram brotando, as inspirações mobilizadoras. Para Santo Inácio, o decisivo "não é saber muitas coisas, mas sentir e saborear as coisas internamente". A repetição ajuda a "enraizar" mais ainda no coração a experiência vivida, de modo a ter ressonância no seu viver cotidiano.

Faça a preparação da oração, da mesma forma como tem sido durante a semana.

Traga à memória alguns momentos da oração que foram mais significativos: sentimentos, apelos, luzes, consolação ou desolação. Alimente uma ação de graças por tudo aquilo que Deus foi lhe comunicando ao longo da semana. Qual foi a "escrita de Deus" no seu coração?

Registre no seu caderno de vida o resumo da experiência vivida. Alimente seu ânimo e generosidade para viver com mais intensidade a segunda semana da Quaresma. Coragem!

SEGUNDA SEMANA
DA QUARESMA

Pe. Elcio Toledo, SJ

"...alegre-se o Senhor por suas obras" (Sl 103(104),31)

Introdução

A misericórdia de Deus e o compromisso com o próximo será o tom desta Segunda Semana da Quaresma. Iniciaremos a semana rezando a Transfiguração do Senhor e depois seremos acompanhados pelos profetas Daniel, Isaias e Jeremias, presentes nas leituras litúrgicas, em seus relatos sobre quem é o Deus em quem confiamos. Esses relatos nos ajudarão a ver mais profundamente que Deus é misericordioso, bom e compassivo, que tem uma proposta de salvação para todos nós.

Se vamos rezar ao Deus misericordioso, então seremos provocados a nos reconhecermos pecadores, o que dá um sentido penitencial a esta semana. Vamos nos experimentar pecadores perdoados pelo Deus infinitamente bom e misericordioso. Deus se arrisca ao confiar em nós, pois somos marcados pelo pecado e podemos negar o seu amor. Nossos pecados, porém, não são maiores que o amor de Deus.

Fazendo eco à Campanha da Fraternidade deste ano, com o tema "Fraternidade e Ecologia Integral", lembramos do versículo inspirador "Deus viu que tudo era muito bom" (Gn 1,31). É importante ter presente a relação entre a misericórdia de Deus e o compromisso com nosso ambiente, com nossa "Casa Comum" e com o cuidado de toda a Criação. Somos chamados a lembrar que a misericórdia inclui todas as coisas criadas e, ao rezá-la, Deus nos convida a "sermos misericordiosos com as pessoas, com a Criação e com o universo, assim como nosso Pai é Misericordioso conosco" (cf. Lc 6,36).

Por meio de Jeremias, o Senhor diz: "Maldito o homem que confia no homem" (Jr 17,5a), no entanto, Deus confia no ser humano e o perdoa porque sabe que ele é capaz de compreender seus ensinamentos e praticá-lo. E para apresentar esse Deus que nos ama e perdoa, Jesus dá sinais de um "Deus que vem para servir". Isso quer dizer que não é um perdão retórico, mas um compromisso de reconciliação que passa por atitudes concretas de serviço ao outro.

Nessa semana somos chamados a olhar quem somos, quem é nosso Deus, quem é o nosso próximo e qual é a proposta de salvação que Jesus nos trouxe. Seremos chamados a nos reconciliarmos com o Pai e, consequentemente, com os irmãos e irmãs.

Pedido de graça da semana:

Senhor, que confia em nós, dá-nos conhecimento interno e afetivo de sua misericórdia. Que possamos ordenar nossa vida e nossas práticas, para que evitemos todo pecado e nos tornemos seus servidores e do próximo, cumprindo de coração seus mandamentos de amor.

Domingo da 2ª Semana da Quaresma: 16 de março

"Enquanto rezava, o aspecto do seu rosto mudou" (Lc 9,29)

Gn 15,5-12.17-18 | Sl 26(27),1.7-8.9abc.13.14 (R. 1a) | Fl 3,17-4,1 | Lc 9,28b-36

EVANGELHO DE JESUS CRISTO SEGUNDO SÃO LUCAS 9,28B-36

Você deve ter criado um ambiente interno e externo para sua oração: um local apropriado, com silêncio. Dirija-se a esse local, que será sagrado para você.

Inicie a oração por uma leitura atenta dos textos e uma breve meditação. Faça a oração preparatória e peça a graça da semana.

Leia a reflexão a seguir, e se aproveite dela o tanto quanto lhe ajudar e rezar os textos bíblicos.

Hoje somos chamados a subir a montanha com Cristo. Ali somos convidados a nos "transfigurarmos", ou seja, a ampliar a nossa visão. Quando estamos na superfície vemos apenas o que nos rodeia e podemos ter a ilusão de que a realidade se resume ao que vemos. Quando subimos uma montanha, nossa visão se amplia e entendemos que vivíamos apenas em uma parte pequena da realidade.

A subida, neste caso, será mais um exercício espiritual do que físico, pois a visão que se pretende ampliar é a nossa compreensão das realidades divinas.

Jesus sobe a montanha e se transfigura diante dos discípulos, mostrando-lhes a sua glória. Depois de ter revelado que era o Messias e anunciado que deveria sofrer (Lc 9,22), Jesus quer mostrar algo além do sofrimento, que é a razão dessa entrega, ou seja, o cumprimento daquilo que Moisés e Elias prepararam. Deus revela que aquele que deve sofrer é, na verdade, o seu próprio Filho. A experiência que os apóstolos fazem mostra-lhes que estão diante do verdadeiro Deus, a quem devem crescer na fé e não devem temer a missão vindoura. Eles são encorajados a continuar seguindo para que a missão de Jesus seja completada. E podem seguir confiando que "Deus transformará o nosso corpo humilhado e o tornará semelhante ao seu corpo glorioso" (Fl 3,21).

Para viver a oração:

Podemos rezar a passagem de Abrão na primeira leitura e considerar que Deus faz uma aliança também conosco, e uma aliança firmada por Cristo na Cruz, na qual não seremos herdeiros apenas de uma terra que vai "do Egito ao Eufrates" (Cf. Gn 15,18), mas do Reino de Deus que ele anuncia a todos. De nossa parte ele pede que "sejamos imitadores de Cristo e que não busquemos a glória no que é vergonhoso e nas coisas terrenas, mas em nosso salvador, Jesus Cristo" (Fl 3,19-20).

- Leia o salmo e as duas primeiras leituras de maneira pausada e meditativa, mas não se demore muito nelas, apenas se atenha às palavras mais significativas.
- Contemple a cena da transfiguração. Veja os apóstolos, ouça Moisés e Elias conversando com Jesus "sobre a morte que Jesus teria em Jerusalém" (Lc 9,31), ouça o diálogo de Jesus com Pedro. Demore-se com Jesus na montanha.

Termine com um colóquio com Cristo, agradecendo por poder contemplar essa cena e peça o dom de ver mais longe e conseguir a coragem de seguir o Cristo.

Segunda-feira da 2ª Semana da Quaresma: 17 de março

"Sede misericordiosos como vosso Pai é misericordioso" (Lc 6,36).

Dn 9,4b-10 | Sl 78(79),8.9.11.13 (R. Sl 102(103),10a) | Lc 6,36-38

EVANGELHO DE JESUS CRISTO SEGUNDO SÃO LUCAS 6,36-38

Vá até o seu lugar sagrado e siga os mesmos passos da oração de ontem.

Os textos de hoje proporcionam uma boa meditação sobre a imagem de Deus. Daniel pergunta sobre "o que convém ao Senhor" e a resposta é "ao Senhor convém a justiça ... e cabe a misericórdia e o perdão" (Dn 9,7.9). Deus quer preservar a aliança que fez com o ser humano, por isso "não nos trata segundo nossas faltas" (Sl 102(103),10a). A partir da contraposição entre nossos pecados e a bondade de Deus, devemo-nos perguntar: "O que convém a nós diante de um Deus tão misericordioso?" E a resposta é: "a nós resta-nos ter vergonha no rosto por nossos pecados" (Dn 9,7-8).

A expressão "sede misericordiosos como vosso Pai é misericordioso" (Lc 6,36) é como que uma grande síntese do Evangelho, pois a salvação começa no dia em que Jesus anuncia que Deus é Pai misericordioso. Ele proclama esta misericórdia de Deus e a torna presente em sua pessoa. O Pai se revela a nós em Jesus e temos o compromisso de buscarmos nele nosso modelo de vida. E o modelo que Jesus nos traz é oposto ao que traz o mundo, pois este quer projetos de sucesso e enriquecimento, enquanto Jesus diz: "Dai e vos será dado" (Lc 6,38). O perdão é fruto do amor, e é experimentando o amor de Deus em nós que nos sentiremos reconciliados. Ao sentir essa presença de Deus em nós, procuremos nos moldar ao modo de ser de Jesus.

Para viver a oração:

Observe como a relação com o outro está implicada em nossa experiência de Deus: "Porque com a medida que medirdes serás medido" (Lc 6,38).

- Deixe um bom tempo para o colóquio com Deus, seguindo o exemplo da primeira leitura, que se parece com um ato de contrição.
- Coloque os motivos pelos quais você deve ter vergonha no rosto, mas ao mesmo tempo busque aproximar-se do Deus que não se lembra das culpas do passado (cf. Sl 78,8).
- Lembre o lema da Campanha da Fraternidade: "Deus viu que tudo era muito bom" (Gn 1,31) e inclua os pecados contra a Criação entre os temas de seu exame de consciência.

Peça a graça de reconhecer a misericórdia de Deus e de moldar seu coração conforme o que aprende dele. Busque ser misericordioso por gratidão ao Deus que age em nós por misericórdia.

Terça-feira da 2ª Semana da Quaresma: 18 de março

"Eles falam, mas não fazem"
(Mt 23,3)

Is 1,10.16-20 | Sl 49(50),8-9.16bc-17.21.23 (R. 23b) | Mt 23,1-12

EVANGELHO DE JESUS CRISTO SEGUNDO SÃO MATEUS 23,1-12

A oração de ontem era a nossa voz clamando pelo perdão, hoje vem a resposta de Deus: "Vossos pecados, embora escarlates, branquearão como neve" (Is 1,18). A oração de hoje nos convida a sermos mais sinceros e autênticos em nossas atitudes religiosas. Afinal de contas, por que buscamos o perdão de Deus? Para começarmos uma vida nova, longe do pecado, deixando de fazer o mal e aprendendo a fazer o bem (cf. Is 1,16-17). Assim sendo, devemos mostrar esforço de conversão, (tirar a maldade, praticar o bem, proteger o órfão e a viúva etc., cf. Is 1,17), e devemos também evitar as práticas religiosas superficiais, que são apenas uma etiqueta religiosa, sem conexão com a vida cristã e que não procura beneficiar o próximo, apenas dar uma impressão de dever religioso cumprido. No Evangelho, Jesus critica a atitude hipócrita dos fariseus, que agem para serem vistos pelos outros, e cujo único desejo é receber reconhecimento social por suas ações.

É claro que cumprir o que nos pede o Evangelho é motivo de alegria e de certo orgulho, mas nunca deve ser motivo de arrogância e de superioridade diante dos outros. Entre os cristãos deve haver igualdade e colaboração, não uma disputa de poder ou qualquer competição sobre quem faz o maior esforço em suas devoções. O que caracteriza o autêntico discípulo de Jesus é o serviço a Deus e ao próximo, com humildade e alegria.

Para viver a oração:

Depois de meditar essas passagens, coloque diante do Senhor sua vontade de conversão. Queremos ter nossos pecados perdoados e queremos mudar o nosso proceder, para que seja conforme a vontade de Deus.

- Pode-se fazer um exame de suas ações e de seus sentimentos e, diante de cada pecado pedir que Deus o faça branco como a neve (cf. Is 1,18). Pode-se, ao final, ler o Salmo 49(50) de forma pausada e meditativa
- Peça ao Senhor a graça de ordenar sua vida e suas práticas segundo o exemplo de Jesus que disse: "o maior dentre vós se faça vosso servidor" (Mt 23,11).

Quarta-feira da 2ª Semana da Quaresma: 19 de março

"O maior dentre vós se faça vosso servidor" (Mt 23,11)

2Sm 7,4-5a.12-14a.16 | Sl 88(89),2-3.4-5.27 e 29 (R. 37) |
Rm 4,13.16-18.22 | Mt 1,16.18-21.24a ou Lc 2,41-51

EVANGELHO DE JESUS CRISTO SEGUNDO SÃO MATEUS 1,16.18-21.24A OU SÃO LUCAS 2,41-51

Retomamos hoje a pergunta que fizemos na segunda feira: "O que cabe a nós?" Porém, agora não estamos em atitude de arrependimento, mas de compromisso com o Cristo. "Um sacerdote não deixará morrer a lei; nem um sábio, o conselho; nem um profeta, a palavra" (Jr 18,18). E o cristão, o que não deixará morrer? Certamente não deixará morrer o serviço e o testemunho, mesmo que isso represente perigo para sua vida.

E podemos nos perguntar também o que não cabe a nós. Tiago e João, representados por sua mãe, viam Jesus como um messias que iria implantar um reino nacionalista e pediam uma participação especial nesse pretenso reino humano. Aos filhos de Zebedeu e sua mãe, Jesus responde que aos cristãos não cabem os privilégios, as honras mundanas e as brigas pelo poder, antes, "quem quiser ser o primeiro, seja vosso servo" (Mt 20,27).

O que cabe ao cristão é a coerência. Devemos unir nossa ação ao agir de Deus e, se for por essa ação que sofremos, que sejamos felizes por isso, pois somos coerentes com o testemunho de nosso Mestre. Porém, se nosso sofrimento vier da briga pelo poder, pelo não reconhecimento humano de nossos esforços ou pela negação dos privilégios que desejaríamos ter, então nosso sofrimento é o pior de todos, pois sofremos por algo que não vale a pena.

Para viver a oração:

- Reflita sobre o significado da expressão "estar à direita ou à esquerda de Cristo" (cf. Mt 20,21). Como os apóstolos a entediam? E qual é verdadeiramente o entendimento? Estar ao lado de Cristo é acompanhá-lo em sua missão. Peça a Deus esse dom.
- Medite sobre as consequências de seu seguimento, pedindo a Deus que consiga ser coerente com sua fé e se afaste de todo pecado que o desvia do caminho. Enfim, e sobretudo, que seja como São José e Maria Santíssima.
- Peça forças para suportar as possíveis incompreensões decorrentes de sua fidelidade ao Evangelho.

Faça um colóquio com o Senhor oferecendo-se a ele para ser um servidor. Pode inspirar-se nas palavras do salmista: "Eu entrego em vossas mãos o meu destino, libertai-me do inimigo e do opressor" (Sl 30,16).

Quinta-feira da 2ª Semana da Quaresma: 20 de março

"É feliz quem a Deus se confia" (Sl 39(40),5a)

Jr 17,5-10 | Sl 1,1-2.3.4 e 6 (R. Sl 39(40),5a) | Lc 16,19-31

EVANGELHO DE JESUS CRISTO SEGUNDO SÃO LUCAS 16,19-31

A parábola do homem rico e do pobre Lázaro é um exemplo do que vínhamos rezando. Quem é o rico? É o homem que busca a riqueza humana, que confia em seu dinheiro e em suas forças e não a coloca a serviço do próximo, mas a serviço de seu luxo e de suas festas. O homem rico conseguiu o que os filhos de Zebedeu pediam ao Senhor: um lugar de destaque na sociedade, onde não faltaria poder e riqueza. Jesus desaprovou o pedido dos dois irmãos e o profeta Jeremias faz eco dessa reprovação na leitura de hoje: "Maldito o homem que confia no homem e faz consistir sua força na carne humana" (Jr 17,5). Lázaro, ao contrário, não tem nada a que se apegar e sua confiança é na piedade alheia, que lhe foi negada pelo rico, mas não por Deus no dia da ressurreição.

A parábola não pretende esclarecer o pós-morte, mas advertir sobre as opções a serem feitas no mundo. Aquele que põe sua confiança nos bens deste mundo fará um projeto de vida em que o Evangelho não terá lugar. Os que colocam o Reino de Deus em seus projetos de vida serão "como árvore plantada à beira d´água... suas folhagens permanecem verdes" (Jr 17,8).

Ao renunciar a Deus, a humanidade moderna quer se autoafirmar. Mas isso a deixa incompleta, pois tira a ressurreição do horizonte e converte a vida num caminhar para a morte. "Maldito o homem que confia no homem" (Jr 17,5), mas Deus foi o primeiro que acreditou no ser humano e enviou Jesus Cristo para ensinar como a vida humana se torna possível e vale a pena ser vivida. Quem confia numa humanidade sem Deus é maldito, mas quem crê numa humanidade que segue o Senhor torna-se uma pessoa otimista e que se empenha por viver servindo aos irmãos e ajudando-os a encontrar o Senhor. E nisso está o verdadeiro sentido da vida.

Para viver a oração:

- A leitura e o salmo são muito parecidos e podem ser meditados conjuntamente como um salmo de confiança ao Senhor.
- O texto da parábola pode ser meditado com as perguntas: em que me pareço com o rico e em que me pareço com Lázaro?

Sexta-feira da 2ª Semana da Quaresma: 21 de março

"Este é o herdeiro. Vamos matá-lo!"
(Mt 21,38)

Gn 37,3-4.12-13a.17b-28 | Sl 104(105),16-17.18-19.20-21 (R. 5a) | Mt 21,33-43.45-46

EVANGELHO DE JESUS CRISTO SEGUNDO SÃO MATEUS 21,33-43.45-46

A parábola de hoje é um dos textos mais difíceis de serem rezados, pois, se começamos a semana rezando a transfiguração do bem, hoje vemos a transfiguração do mal na atitude dos vinhateiros. Pode ser que nossos sentimentos ao final da leitura sejam o de "mandar matar de modo violento esses perversos" (Mt 21,41b). E talvez esse seja o sentimento também sobre os irmãos do patriarca José, identificado como "do Egito".

A parábola sempre foi entendida como um resumo da história de Jesus, os antepassados rejeitaram os profetas e os presentes rejeitam Jesus. Ela nos mostra o crescimento da maldade e da crueldade em quem não optou pelos valores do Reino de Deus, mas pelas riquezas do mundo. Ao meditá-la, podemos ver o deterioramento gradual, o rompimento com os mais distantes até chegar à ruptura com os mais próximos e importantes, no caso, o Cristo.

No entanto, ela também nos lembra da paciência de Deus e das muitas oportunidades que o Senhor nos dá. O desejo de "mandar matar de modo violento" já não teria vindo quando os primeiros empregados foram rejeitados? Mas Deus vai dando novas oportunidades, novas chances de se repensar a vida. Às vezes percebemos as oportunidades que Deus nos dá só quando já as perdemos, mas a parábola é também uma promessa, ou seja, a pedra eliminada é escolhida como pedra angular; o fracasso de um projeto pode se tornar um gatilho para uma nova existência que se inicia.

Para viver a oração:

Parecemo-nos com os vinhateiros quando deixamos que nossos projetos egoístas nos desumanizem e despertem em nós o que temos de pior.

- Lembre as oportunidades que Deus proporcionou em sua vida. Faça um Salmo com o refrão "Lembrai sempre as maravilhas do Senhor!", e componha as estrofes meditando sua vida.
- Fazendo eco à Campanha da Fraternidade, olhe a vida na perspectiva de uma ação de graças (como diz o texto de Gn 1,31: "Deus viu que tudo era muito bom"). Mas também é necessário pedir a remissão dos pecados contra a obra de Deus, motivada pela ganância e pela maldade.

Peça a graça de transformar pedras rejeitadas em pedras angulares, ou seja, busque a sabedoria de aprender com as quedas e de se levantar delas sendo uma pessoa melhor.

Sábado da 2ª Semana da Quaresma: 22 de março

Repetição inaciana:

A proposta para o sábado é uma oração de repetição. Isso quer dizer que o "texto sagrado" de hoje são as próprias anotações feitas e a repercussão das orações em nosso coração.

Quero propor como "composição de lugar" para essa repetição a parábola do Pai Misericordioso (Lc 15,1-3.11-32). Trata-se de um excelente exercício de repetição, pois nesses dias rezamos nossos pecados, o perdão do Pai e nosso compromisso com ele, apesar das incompreensões de nossos "irmãos mais velhos", e nossas próprias incompreensões.

Leia pausadamente a parábola e veja em qual lugar você se situa, se no do filho mais velho ou no do mais novo. Uma vez decidido isso, releia as anotações da semana, os pontos fortes, os sentimentos, e procure reviver as orações.

Para encerrar, faça um colóquio com o Senhor, recordando qual sentimento foi predominante durante a semana e quais moções foram mais fortes ou se repetiram com mais frequência. Coloque esses sentimentos e essas moções diante do Senhor, pedindo um entendimento delas. Depois anote o fruto dessa oração para poder recordar mais tarde.

Faça uma leitura da graça pedida para a semana e perceba de que maneira ela foi conquistada. Agradeça a graça conquistada e peça o dom da perseverança para progredir nela.

TERCEIRA SEMANA DA QUARESMA

Pe. Adroaldo Palaoro, SJ

"Olhai as aves que voam no céu: não semeiam o grão,
nem colhem, nem acumulam a colheita nos celeiros;
pois o vosso Pai celeste lhes dá de comer" (Mt 6,26).

Introdução

Avancemos no "percurso quaresmal", deixando-nos afetar pela fidelidade de Jesus à causa do Reino e dos mais pobres. As resistências e rejeições por parte das autoridades religiosas da época vão se intensificando, os conflitos e tensões vão crescendo, a Cruz vai se vislumbrando no horizonte da vida de Jesus.

Ao longo desta Terceira Semana, os relatos dos evangelhos deixam transparecer que o seguimento de Jesus tem um preço: oposições, incompreensões, perseguições... Quem investe sua vida a favor da vida, mais cedo ou mais tarde vai se deparar com aqueles que fizeram opção pela morte, pela violência, pelo ódio.

Também a Criação inteira sofre uma contínua paixão, provocada pela ação destruidora do ser humano. A Campanha da Fraternidade nos desperta para a tomada de consciência desta triste realidade. O que estamos fazendo com aquilo que "Deus viu que era muito bom" (cf. Gn 1,31)?

Pedido de graça da semana:

Senhor, ajude-nos a sempre mais identificarmo-nos
com Jesus Cristo a fim de que possamos viver
com fidelidade a causa da vida.

Domingo da 3ª Semana da Quaresma: 23 de março

"Vou cavar em volta da figueira
e colocar adubo"
(Lc 13,8).

Ex 3,1-8a.13-15 | Sl 102(103),1-2.3-4.8.11 (R. 8a) |
1Cor 10,1-6.10-12 | Lc 13,1-9

EVANGELHO DE JESUS CRISTO SEGUNDO SÃO LUCAS 13,1-9

Teremos perdido nossas raízes? Como podemos conectar-nos com elas? Que raízes nos alimentam? Onde estamos enraizados? Quais são as raízes que nutrem atualmente nossa vida? São as melhores?

Enraizamento, fincar raízes, viver da profundidade das raízes... O "novo" vem das raízes, vem de baixo, da base, do chão da vida. É preciso relançar uma nova radicalidade. Viver a partir das raízes, projetar a partir das raízes, criar a partir das raízes.

Quaresma é tempo para colocar novo adubo e fortalecer as raízes. É preciso viver o tempo das raízes para ser presença "diferenciada", para sermos "enraizados" na realidade cotidiana.

Ninguém pode viver sem raízes, pois não se sustentaria de pé. Quando perde suas raízes, o ser humano se atrofia e fica privado de algo decisivo, essencial: ele se afasta da fonte de vitalidade.

Para viver a oração:

Prepare sua "tenda interior" para viver um encontro profundo com o Senhor: escolha um lugar, uma posição corporal, pacifique-se interiormente.

Esteja atento aos "preâmbulos" que facilitam um clima interior de escuta: traga à memória o relato bíblico, faça a composição do lugar e a petição da graça.

Leia os "pontos" abaixo para aquecer o coração:

- Jesus, o "homem enraizado" em seu povo e sua cultura, traçou seu caminho em parábolas.
- No Evangelho deste dia, Jesus usa a imagem da "figueira estéril", que não recebera o nutriente necessário. Ele também destaca a paciência do vinhateiro. Apesar de levar três anos sem dar frutos, o vinhateiro continua confiando nela, ao mesmo tempo que oferece todos os cuidados com esmero: "vou cavar em volta da figueira e colocar adubo" (Lc 13,8).
- Vivemos um contexto social-político-religioso marcado por um profundo desenraizamento, no qual as pessoas são mobilizados a viver em mundos "sem raízes", em espaços criados pela tecnologia, comunicando-se através de relações virtuais com pessoas distantes, desconectando-se do próprio chão existencial. No emaranhado das imagens e sons, elas perdem a noção daquilo que é essencial e decisivo para a vida: vivem na superfície dos acontecimentos e de si mesmas; esvaziam de valores sua realidade interior, sobre o qual se apoia a sua própria vida; congelam toda proximidade e relação com o outro; petrificam qualquer compromisso com as causas mais nobres.
- É importante cavar para sanear as raízes, nossas raízes mais profundas, pois nelas está a força de Deus vitalizando nossa existência. Enquanto o alimento está em conectar-se mais com a mensagem de Jesus, com o Evangelho, e assim entrar em sintonia com o Deus da Vida. Os frutos, sem dúvida, terão mais cor e sabor de visibilidade, de ousadia, de liberdade, de denúncia daquilo que atenta contra a dignidade humana, de atrever-nos a abandonar o rotineiro e gerar

novas formas de viver o Evangelho, nestes tempos em que prevalece a cultura da superficialidade.

- Deus é o "paciente Cuidador" e nos alcança na medida em que nos abrimos à sua ação. Sua presença expande e multiplica o melhor de nossa vida. Quando, ao contrário, permanecemos fechados na identificação com nosso ego, nossa existência, dia após dia, se atrofia e empobrece.
- Sem dúvida, continuam a existir dentro de cada um de nós "figueiras estéreis", experiências com pouca profundidade, vivências asfixiantes e atrofiantes que limitam a liberdade de Deus de atuar em nós. Mas, o ponto de partida é que comecemos por reconhecer nosso terreno interior, reconciliando-nos com ele, abraçando-o com humildade. É no meio da "vinha" que está situada nossa "figueira".

Na oração, desça ao chão de sua vida. Em companhia do Senhor, verifique como estão as raízes de sua vida: o que está "estéril" em seu interior? Quais são e onde estão as raízes que alimentam seu coração? Quais raízes precisam ser sanadas, adubadas etc. para que dê frutos?

Converse com o Senhor como um amigo conversa com outro amigo: louve, suplique, agradeça. Deixe-se envolver pela Luz providente, verdadeiro "adubo" de sua vida.

Termine sua oração examinando por onde passou o Senhor: o que ele despertou em você? Que moções sentiu, foram de consolação ou de desolação? Anote no seu caderno de vida o que foi mais denso e suculento.

Segunda-feira da 3ª Semana da Quaresma: 24 de março

"Levaram-no para o alto do morro..., com a intenção de empurrá-lo para o precipício" (Lc 4,29).

2Rs 5,1-15a | Sl 41(42),2.3;Sl 42(43),3.4 (R. 41(42),3) | Lc 4,24-30

EVANGELHO DE JESUS CRISTO SEGUNDO SÃO LUCAS 4,24-30

Lucas descreve a primeira reação dos conterrâneos de Jesus diante da proclamação de sua missão na sinagoga, no início da vida pública. Levaram-no para fora da cidade para jogá-lo morro abaixo, como se fosse uma antecipação da sua Paixão e morte.

A primeira oposição que Jesus sofreu não veio dos sumos sacerdotes, nem dos escribas ou fariseus, mas da comunidade onde viveu. Seus conterrâneos perceberam que ele não iria corresponder às expectativas do judaísmo oficial, e se irritaram por isso.

Qualquer novidade que vá mais além dos interesses do gueto, seja ele a família, o povo, a religião, será interpretada como traição à instituição.

Jesus desmascara a cegueira coletiva, e isso provocou a ira de seus vizinhos, que se sentiram agredidos. "Este não é Jesus, o filho de José?" (Jo 6,42). A única razão que os membros de seu povo dão para rejeitar as pretensões de Jesus é que ele é mais um do povo, conhecido de todos.

Aliado ao conformismo e à segurança está o medo da mudança. As pessoas fecham-se no conhecido por medo do desconhecido. Marcadas pela "normose", a normalidade doentia, elas fecham-se num quadrado "mofado", atrofiadas por normas parentais, sociais, culturais e religiosas.

Para viver a oração:

Deus sempre vem ao nosso encontro e faz de nosso interior sua morada; mas nem sempre entramos em sintonia com esta presença divina. Por isso, é preciso investir na preparação de todo o ser para alimentar uma intimidade profunda com o Senhor: encontre o melhor lugar e posição corporal e tome consciência de estar diante de alguém que nos ama.

Recorde os preâmbulos para criar um clima favorável à oração: faça memória do relato bíblico, prepare a composição do lugar, faça a petição da graça.

Abra espaço interior para que os "pontos" abaixo possam iluminar sua oração:

- Jesus se tornou um sinal de contradição porque permaneceu absolutamente fiel a uma *mensagem*, a um *modo de agir* e à *missão* recebida do Pai e que ele devia realizar com critérios e opções coerentes com o conteúdo do anúncio do Reino.
- A novidade de Jesus consistia em afirmar que existe um caminho para encontrar a Deus que não passava pelo Templo. Desse modo, apontava para a vida como lugar da presença do Pai.
- As palavras de Jesus na sinagoga de Nazaré questionam também hoje o sentido que nossas palavras têm. Elas nos fazem tomar consciência daqueles que se sentem movidos por nossas palavras, por aqueles que nos fazem questionar a inspiração e a força das palavras que brotam do nosso interior.
- Vivemos saturados de palavras. Elas estão presentes nos perfis virtuais, nos livros, em mil e uma conversações. Falamos, dizemos, escrevemos, escutamos, lemos. E de tanto usá-las, talvez tenham perdido o sentido: estamos tão acostumados a usá-las, que não nos damos conta do muito que significam. Falamos, mas não vivemos; digitamos, mas não transmitimos calor humano.
- Assustam-nos converter a palavra em palavreado crônico. Vivemos tempos de "fratura da palavra". E a raiz disso tudo está na carência de uma interioridade, daquele lugar de onde brotam as palavras de sabedoria que inspiram nossa vida.

- Quem sabe precisamos criar momentos de silêncio para tentar chegar ao coração de nossa verdadeira identidade, terreno propício de onde nascem palavras de vida. É preciso superar a inércia da rotina, do "sempre fizemos assim", do estabelecido. Muitas vezes, a sabedoria está justamente em "desaprender o aprendido", em abrir-nos às mudanças, em acolher a palavra de alguém que não é do nosso grupo ou da nossa religião.
- É preciso desconstruir para reconstruir, ativando o espírito de busca e alimentando uma criatividade sadia em favor do Reinado do Pai.
- Por isso, dentro de nossas "sinagogas" atuais, é preciso alimentar mais sobriedade frente à "falação vazia"; mais sinceridade frente à mentira; mais acolhimento frente à indiferença.

Entre na sua "sinagoga" interior, cave palavras nas minas do seu silêncio e deixe que o Espírito diga a "palavra" misteriosa, diferente, reveladora de sua verdadeira identidade. Somente o silêncio poderá gerar "palavras de vida".

Busque palavras nas profundezas de seu interior, palavras carregadas de sentido e de ânimo. Crie silêncio para poder dialogar com seu eu profundo, para ver o que há atrás de suas palavras, de seus sentimentos, de suas intenções.

Faça um colóquio com o Senhor, manifestando os sentimentos e pensamentos que fluem do seu coração. Revise sua oração, dando atenção especial às "moções", e faça o registro no seu caderno.

Terça-feira da 3ª Semana da Quaresma: 25 de março

"Senhor, quantas vezes devo perdoar, se meu irmão pecar contra mim?" (Mt 18,21)

Is 7,10-14;8,10 | Sl 39(40),7-8a.8b-9.10,11 (R. 8a.9a) | Hb 10,4-10 | Lc 1,26-38

EVANGELHO DE JESUS CRISTO SEGUNDO SÃO LUCAS 1,26-38

Jesus não só transmite um novo ensinamento, senão que cria uma relação nova entres os membros da comunidade cristã, segundo o espírito do Reino. Todos somos feitos para nos encontrar com o Grande Outro, para que ele ilumine nossa existência e nos transforme inteiramente, de tal forma que sejamos capazes de estabelecer relações sadias com nossa própria história pessoal, com os outros e com toda a Criação.

Em inúmeras passagens do Evangelho Jesus insiste na importância decisiva do perdão como atitude permanente, para manter unida sua comunidade de seguidores(as) (cf. Mt 18,21-35). Ele insiste nesta virtude porque ela é uma necessidade vital quando a vida é ferida por ofensas, rupturas, conflitos... O perdão "re-situa" as pessoas na grande corrente da vida; busca restabelecer um vínculo positivo entre vidas feridas, vidas que se ferem e vidas excluídas.

Para viver a oração:

Antes de entrar em oração, procure criar um ambiente externo e interno favorável: busque um lugar apropriado, uma posição corporal mais serena para situar-se diante de Deus.

Os preâmbulos também são inspiradores para criar uma atmosfera pacificada, longe dos ruídos das redes sociais e das preocupações cotidianas, e trazer à memória o relato do Evangelho. Faça a composição do lugar bíblico e o pedido da graça indicada para esta semana.

Leia atentamente as indicações abaixo sobre o sentido cristão do perdão.

- Só Deus é fonte do perdão; fomos criados à imagem e semelhança do Deus compassivo. Por isso, também somos capazes de perdão.
- Por ser um atributo tão nobre, o perdão configura o ser humano à imagem de Deus.
- O perdão é divino porque, para o ser humano, ele é verdadeiramente divino em seus efeitos e em seu próprio processo; ele traz em si algo de divino, que significa efetivo recomeço, como um novo momento inaugural (uma nova Criação, segundo a Bíblia).
- O perdão é um dom que abre a pessoa para uma história nova. Ao se fazer oferta, o perdão se propõe abrir um novo caminho; ele evoca uma nova aliança. Por isso, não é apenas um ato criador, mas "re-criador", portador de uma nova vida. Restaura o amor e seu mais belo fruto, a comunhão das pessoas.
- O perdão não deleta o ato causador do mal; ele toma a iniciativa de uma nova oportunidade de vida. E como houve uma ruptura de continuidade, ele se propõe abrir um novo caminho, virar a página e escrever um novo capítulo: "O perdão não é o esquecimento do passado, é o risco de um futuro diferente daquele que foi imposto pelo passado ou pela memória" (Christian Duquoc).
- Os recursos do verdadeiro perdão são infinitos. Eles jamais acabam. É alargamento do coração humano, é movimento, é expansão de si, é "des-centramento" e impulso na direção do outro.

- No latim, “per-donum” significa dom levado à perfeição; ou “per-donare”, significa dar prova de uma extrema generosidade. O perdão é um dom que nos permite ir além de nós mesmos; é dom em excesso. Por isso, segundo Jesus, o verdadeiro perdão não tem limite. O perdão precisa ser um gesto repetido muitas vezes até se tornar um “hábito do coração”. Perdoar é doar-se em plenitude; é dar mais que o ofensor merece.
- O perdão é o dom realizando-se no supremo grau de sua gratuidade; é uma atitude de quem não se prende ao que o outro merece e nem se escandaliza com sua miséria: “Devemos perdoar como pecadores e não como justos”.
- A plenitude do dom é a vida. Perdoar é restituir a vida a quem nos ofendeu. Toda ofensa, em qualquer grau, é um atentado contra a vida.
- O perdão restabelece a ordem da vida. Quem perdoa e quem é perdoado saem mais verdadeiros, mais inteiros, mais humanos depois desse gesto.
- O perdão realmente transforma vidas. Sabemos que estamos diante de uma das mais eficazes forças da experiência humana quando vemos o que acontece às pessoas que se perdoam: nós a vemos transformadas!

Dê graças por sentir-se continuamente envolvido(a) pelo perdão divino.

Faça “memória” dos momentos em que você experimentou a força criativa do perdão do outro, ou foi presença por onde fluiu o verdadeiro perdão.

Diante de Deus, fonte do perdão, entre em diálogo profundo com ele.

Sintonizado(a) na graça de Deus, faça o exame da oração e anote no caderno de vida os sentimentos inspiradores que brotaram.

Quarta-feira da 3ª Semana da Quaresma: 26 de março

"Quem praticar e ensinar estes mandamentos será considerado grande no Reino dos céus" (Mt 5,19)

Dt 4,1.5-9 | Sl 147(147B),12-13.15-16.19-20 (R. 12a) | Mt 5,17-19

EVANGELHO DE JESUS CRISTO SEGUNDO SÃO MATEUS 5,17-19

O Evangelho deste dia nos ajuda a descobrir a mensagem central, essencial e sumamente importante ali presente: se não quisermos correr o risco de cair no legalismo, perdendo aquilo que, de verdade, Jesus desejava para as comunidades cristãs, precisamos nos ater à explicitação que Mateus faz da atitude de Jesus frente à Lei: "Vim para dar-lhe plenitude", diz o Cristo. Ou seja, ele não se limita a analisar os detalhes da Lei, nem a criticar alguns preceitos, mas sim a iluminá-la e a dar-lhe um sentido profundo.

Esta plenitude não significa melhorar a Lei, vestindo-a com nova roupagem. A plenitude que o Evangelho nos apresenta não vai na direção de "maior perfeição" da Lei, mas de uma mudança radical: Jesus mesmo é a plenitude da Lei. Sua pessoa, sua identidade, sua mensagem, sua maneira de viver é a Lei mesma em sua plenitude. Por isso, acolhê-lo, crer nele, identificar-nos com ele, vivendo como discípulos seus, tudo isso nos torna "grandes no Reino dos céus" (Mt 5,19).

Para viver a oração:

Para chegar a uma vivência mais profunda com Deus, é preciso preparar sua "tenda do encontro", através das "adições": lugar adequado, posição corporal, silêncio externo e interno.

Os preâmbulos também são muito importantes para alimentar uma intimidade com Deus: com a memória, recordar o relato bíblico; com a imaginação, compor o lugar bíblico, onde você estará; pedir a graça, indicada para esta semana.

Leia o Evangelho deste dia e as indicações abaixo para alimentar o "colóquio" com o Senhor:

- Os evangelistas deixam claro que Jesus não vive centrado na Lei; não se dedica a estudá-la nem a explicá-la a seus discípulos. Nunca o vemos preocupado em observá-la de maneira escrupulosa. Certamente, não assume uma atitude contra a Lei, mas esta não ocupa um lugar central em seu coração. Jesus não foi contra a Lei, mas foi além da Lei. Quis dizer-nos que sempre temos de ir além da letra, da pura formulação, até descobrir o espírito da lei: "A lei mata, o espírito vivifica" (2Cor 3,6).
- A mensagem de Jesus é radical, pois quer chegar à raiz. E por isso nos confronta com nossa própria verdade interior. O Evangelho deste dia nos revela um Jesus que vem para dar plenitude à Lei, mas essa plenitude está muito distante do mero cumprimento externo. Supõe ir mais adentro, mais a fundo, examinando nossas atitudes, nossas razões, nossos sentimentos e tudo aquilo que nos constrói e define como pessoas. É aí, no centro de nossa humanidade, onde nos conectamos com o espírito e o divino em nós; onde todos somos uno e nossas ações são um fluir dessa unidade interior. Falamos, então, da "lei interna da caridade".
- Viver a partir do "coração" significa viver a partir do amor que nasce da fonte de nossa originalidade e identidade. A nova situação inaugurada pelo Messias não é como a antiga aliança, a aliança da lei exterior ao ser humano: é, pelo contrário, a aliança da interioridade, a situação que se define pelas atitudes que brotam do coração.

- Nesse sentido, o Sermão da Montanha não é Lei, mas *Evangelho*, Boa-nova.
- Esta é a diferença entre a Lei e o Evangelho: a Lei deixa a pessoa abandonada às suas próprias forças, impõe preceitos a cumprir, ameaça, premia, exige empenho. O Evangelho, no entanto, coloca a pessoa diante do dom de Deus, faz-lhe conhecer seu Pai, converte-a em filho(a), transforma-a por dentro e, principalmente, não a obriga a nada. No amor não há imposição, mas acolhida.

Diante de Deus, entre no coração de sua "tenda" e deixe brotar a verdadeira "lei da caridade", que se expressa como bondade, mansidão, justiça, compaixão, acolhida. É o que há de mais divino e humano no seu interior.

Alimente um diálogo profundo com o Senhor, louvando, agradecendo, suplicando. Verifique se, na relação com os outros, prevalece o peso da lei ou a força da misericórdia.

No final da oração, faça um exame para perceber a "escrita" de Deus no seu coração, através das "moções": consolação, desolação, apelos, sentimentos nobres. Faça o registro no seu caderno de vida.

Quinta-feira da 3ª Semana da Quaresma: 27 de março

"... as multidões ficaram admiradas; outros, para tentar Jesus, pediam-lhe um sinal" (Lc 11,14.16)

Jr 7,23-28 | Sl 94(95),1-2.6-7.8-9 (R. 8) | Lc 11,14-23

EVANGELHO DE JESUS CRISTO SEGUNDO SÃO LUCAS 11,14-23

Jesus sempre foi presença desconcertante: sua vida desconcertava a todos e seu modo original de falar e agir despertava as mais diferentes reações. Normalmente, as "multidões" ficavam encantadas e admiradas, porque viam nele aquilo que todo ser humano busca: liberdade, vida plena, relações sadias com as pessoas, uma nova imagem do Deus Pai. Admiradas de seu ensinamento e de sua capacidade de "destravar vidas", buscavam-no com intenso desejo. Maravilhadas, eram capazes de reconhecer que Deus atuava nele.

Por outro lado, a presença e a liberdade de Jesus desconcertavam também aqueles que estavam apegados ao legalismo e à religião que desumanizava; desconcertou aqueles que o acusavam de "blasfemo", de "Belzebu", de "escandaloso". Até o final de sua vida desconcertou, e assim o fez porque assumiu uma postura diferente ante o contexto social, religioso e político no qual viveu. Jesus não se "encaixou" em nenhum grupo e deixou transparecer sua liberdade frente às leis, às tradições de seu povo, ao templo, aos poderes. Por isso foi incompreendido e rejeitado.

Para viver a oração:

Prepare o seu coração para as surpresas de Deus. Prepare a sua "sarça ardente" para acolher a presença daquele que sempre vem ao seu encontro.

Com a imaginação, componha o lugar da cena evangélica, para estar diante de Jesus e deixar-se surpreender por sua liberdade e ousadia. Peça a graça indicada para esta semana.

Siga os "pontos" abaixo, como ajuda para facilitar uma maior intimidade com o Senhor:

- Jesus revelou-se desconcertante a todos porque colocava o ser humano no centro de sua missão. Ele tornou-se surpreendente porque não se conformava com a situação injusta imposta aos mais fracos e sofredores; com sua liberdade provocativa deixava ao léu as mazelas sustentadas pelos encarregados da religião, os fariseus, sacerdotes e escribas.
- Jesus impressionava, surpreendia, ousava, a partir da sua relação com Deus, que lhe dava "autoridade" para denunciar todo tipo de poder que desumanizava.
- Segundo o modo de ser e proceder de Jesus, o que mais nos desumaniza é viver com um "coração fechado" e endurecido, um "coração de pedra", incapaz de amar e de abrir-se ao novo. Quem vive "fechado em si mesmo" não pode acolher o Espírito de Deus, não pode deixar-se guiar pelo Espírito de Jesus, pois acredita que quem trabalha em favor da vida "é pelo poder de Belzebu".
- Quando nosso coração está "fechado", em nossa vida não há mais compaixão e passamos a viver indiferentes à violência e à injustiça que destroem as relações entre as pessoas. Passamos a viver separados da vida, desconectados. Uma fronteira invisível nos separa do Espírito de Deus, que tudo dinamiza e inspira; é impossível sentir a vida como Jesus sentia. Quem assume atitudes de indiferença tem medo do diferente, e a vida vai se atrofiando.
- Em um coração petrificado o Espírito não tem liberdade de atuar; dessa resistência à ação do Espírito brotam também as doentias

divisões internas. São os dinamismos "diabólicos", daquilo que divide, que se instalam em nosso interior, atrofiam nossas forças criativas e nos distanciam da comunhão com tudo e com todos.

- Não podemos permanecer trancados em redutos que rejeitam as diferenças existenciais. Daí a importância de aprender a ver o melhor de cada pessoa e de cada povo, superando as visões estreitas e fundamentalistas e todo tipo de racismo, xenofobia, desprezo, preconceito, dominação e mixofobia, que é o medo de se misturar com quem é diferente.
- Assim como Jesus agia pela força do Espírito, do mesmo modo, só quem se deixa iluminar pelo Espírito pode agir como Jesus. Quem se fecha ao Espírito torna-se incapaz de discernir a manifestação da misericórdia de Deus em Jesus.
- Uma pessoa que revela um modo de proceder e de pensar próprio dos intolerantes e preconceituosos não desconcerta ninguém, não se admira com nada; é uma pessoa "formatada", que passa pela vida sem deixar "marcas", sem saber "por que e para que vive".

Imagine-se diante de Jesus: deixe-se afetar pela liberdade, transparência e compromisso dele em favor da vida. Entre em diálogo profundo com ele, peça para que seu coração fique um pouco mais cristificado e amoroso. Depois, faça memória das surpresas de Deus em sua vida: alimente uma profunda gratidão.

Termine sua oração, fazendo uma avaliação e dando atenção especial à ação da graça de Deus em seu coração, através de sentimentos e pensamentos elevados, oblativos. Faça um registro dos "frutos" experimentados na oração.

Sexta-feira da 3ª Semana da Quaresma: 28 de março

"Amarás o Senhor teu Deus...
Amarás teu próximo como a ti mesmo"
(Mc 12,30.31)

Os 14,2-10 | Sl 80(81),6c-8a.8bc-9.10-11ab.14 e 17 (R. cf. 11.9a) | Mc 12,28b-34

EVANGELHO DE JESUS CRISTO SEGUNDO SÃO MARCOS 12,28B-34

Este é o contexto do Evangelho deste dia: Jesus já está em Jerusalém há alguns dias; visitou o templo, discutiu com os chefes dos sacerdotes, mestres da lei e anciãos sobre sua autoridade para fazer tais coisas; com os fariseus e herodianos discutiu sobre o pagamento do tributo a César; com os saduceus discutiu sobre a ressurreição.

A pergunta do mestre da Lei tem sentido porque na Torá encontravam-se 613 preceitos. Para muitos rabinos, todos os mandamentos tinham a mesma importância, porque procediam de Deus. Para alguns, o mandamento mais importante era o cumprimento do sábado. Para outros, o amor a Deus era o primeiro.

Diante da pergunta do mestre da Lei pelo mandamento – no singular – mais importante, Jesus responde dizendo que são dois – portanto, no plural. E não há mandamento maior que eles.

Ágape é o amor divino. Esse amor é o mais raro, o mais precioso, o grau mais elevado do dom de si mesmo.

Para viver a oração:

Para o encontro com o Deus amoroso, é preciso também preparar o interior com a marca do amor. "Deus é amor" (1Jo 4,8) e reacende o amor que ele já colocou no coração de cada um. Busque o melhor lugar, a melhor posição corporal, a melhor atitude para deixar-se atravessar pelo amor divino.

Não esqueça os preâmbulos: é preciso estar por inteiro diante do Senhor: ative a memória, trazendo o texto bíblico; com a imaginação, componha o lugar da cena bíblica; peça a graça indicada para esta semana.

Leia as indicações abaixo para ajudar a criar um clima propício de intimidade com o Senhor:

- É preciso descobrir dentro de nós o Amor que é Deus, como uma realidade que está unida intimamente ao nosso ser. Por isso, só há um mandamento: manifestar esse amor que é Deus em nossas relações com os outros.
- Quando amamos não é preciso dizer que Deus está em nosso coração, porque, sob certo aspecto, estamos no coração de Deus e participamos do próprio dom de seu amor. Encontramo-nos, assim, envolvidos pelo amor de Deus.
- O amor que Deus tem por nós é absolutamente desinteressado, ativo e criativo, gratuito e livre. Trata-se do "amor-*ágape*". E algumas características do *ágape* cristão são: o amor espontâneo e gratuito, sem motivo, sem interesse, oblativo, expansivo, em suma, o puro amor. Somos capazes de *ágape*, de amar aquele que não nos ama, e não devemos nos privar dessa liberdade.
- O seguimento de Jesus nos convida a esta liberdade que se encontra na palavra "Ágape", o amor da superabundância, o amor de gratuidade, o amor que transborda, que nada pede em troca. Amar sem ter nada de particular para amar. Amar não a partir de sua carência, mas de sua plenitude. Amar não somente a partir de sua sede, mas desde a sua fonte, que flui continuamente.
- Amar é esvaziar-se do ego dentro de si mesmo, para que haja lugar para o outro. O amor tem um rosto.

- Assim como Deus, que se "esvaziou de sua divindade", o *ágape* se esvazia de si mesmo para dar mais lugar, para não invadir, para deixar ao outro um pouco mais de espaço, de liberdade. "Amar é encontrar sua riqueza fora de si" (Alain).
- Para o poeta Rilke, o amor é constituído por "duas humanidades que se inclinam, uma diante da outra". Tal como a água de um rio escavando seu leito profundo, o amor é a força que nos escava, que alarga e aumenta nossa capacidade de ir além de nós mesmos. Uma das maiores razões para o amor ser uma experiência de expansão se deve à sensação de imortalidade e eternidade que nos proporciona.
- O amor carrega em si a marca da eternidade. Quem ama vê o tempo se ampliar e a vida ganhar mais sentido. Alguns dizem que há lugares em nós mesmos que só passam a existir após o sofrimento ter ali penetrado. Há lugares em nosso interior que não existem enquanto o amor não o tomar.

Entoe um hino de louvor e gratidão a Deus pelo seu "amor em excesso", que se revela no cotidiano da vida. Tenha sempre presente na memória que você foi criado(a) para viver em relação de amor e solidariedade com todos.

Considere que toda a Criação saiu das mãos do Criador como presente especial e gratuito, como uma mensagem de amor a cada um de nós.

Em um colóquio íntimo com o Senhor, expresse em palavras o que seu coração sente. Finalize sua oração com um pequeno exame: dê nomes aos "toques" do Senhor.

Sábado da 3ª Semana da Quaresma: 29 de março

Repetição inaciana:

A repetição é um modo de orar original nos *Exercícios Espirituais*. Em primeiro lugar, significa fazer "memória agradecida" da semana que passou, voltando aos momentos mais densos e significativos da ação da graça de Deus no próprio interior. Em segundo lugar, a repetição ajuda a pessoa a se mobilizar e a se preparar para a semana seguinte, com desejos de crescer na intimidade com o Senhor.

Assim, revisite com o coração as "moções" mais fortes da semana que está findando: consolações, desolações, sentimentos espirituais, inspirações etc., que certamente terão ressonâncias no cotidiano de sua vida.

Crie um clima de ação de graças: tudo vem do Senhor e tudo volta para ele. Alimente o ânimo e a generosidade para prosseguir no percurso quaresmal em direção à Quarta Semana.

Coragem!

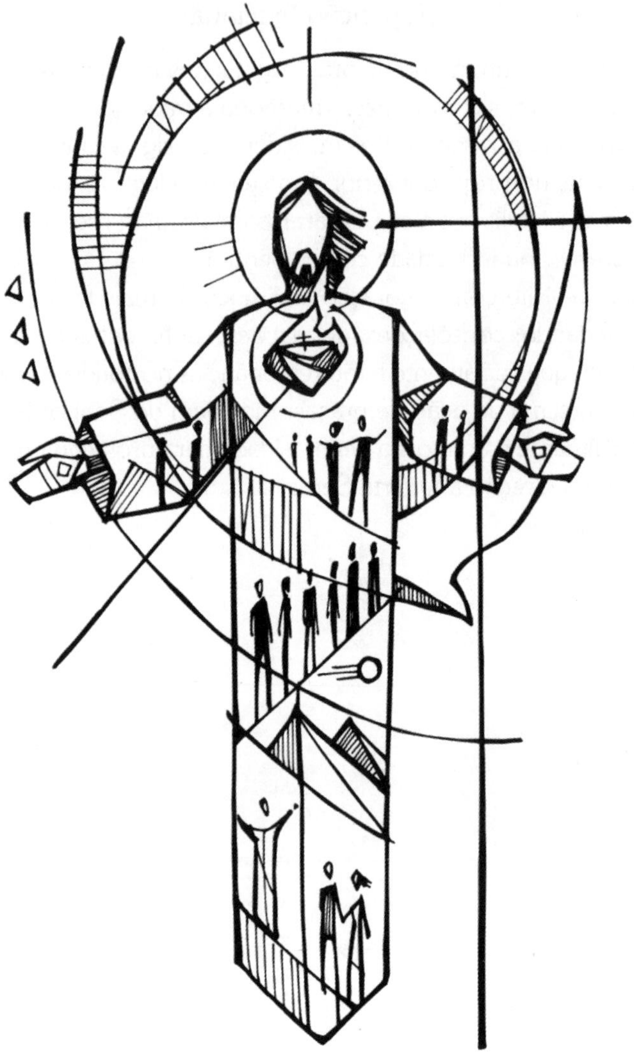

QUARTA SEMANA
DA QUARESMA

Pe. André Luiz, SJ

"... para que Deus seja tudo em todos" (1Cor 15,28)

Introdução

A Quaresma é um tempo penitencial, de oração, jejum e esmola, e a cor litúrgica é predominantemente o roxo. Entretanto, neste domingo, podemos passar do roxo para o rosa – marcadamente no penúltimo Domingo da Quaresma e no penúltimo Domingo do Advento. A quarta semana do nosso Retiro Quaresmal é, poderíamos dizer, a Semana da Alegria, que prenuncia um tempo novo e uma esperança renovada, sinal da reconciliação e da misericórdia sempre atuante do Senhor.

A semana se inicia, então, com o chamado Domingo Laetare, ou "Domingo da Alegria". O IV Domingo da Quaresma recebe este nome porque assim começa, neste dia, a Antífona de Entrada da Celebração Eucarística: *Laetare, Ierusalem, et conventum facite omnes qui diligites eam; gaudete cum laetitia, qui in tristitia fuistis; ut exsultetis, et satiemini ab uberibus consolationis vestrae* – "Alegra-te, Jerusalém! Reuni-vos, vós todos que a amais; vós que estais tristes, exultai de alegria! Saciai-vos com a abundância de suas consolações" (cf. Is 66,10-11).

A cor litúrgica pode, assim, passar do roxo para o rosa significando a alegria pela proximidade da Páscoa. E o Domingo *Laetare* ilumina todo o percurso desta semana, provocando-nos a permanecermos unidos ao Senhor, a sermos fiéis a ele e a acreditarmos na sua Palavra, confessando a fé, alimentando a esperança e cultivando o amor, a fim de nos parecermos com ele e nos tornarmos seus discípulos, notadamente nestes momentos finais de sua trajetória terrestre.

Ainda há, portanto, tempo para a descoberta do amor em atos de simplicidade e de compaixão. O Senhor continua acreditando e vendo que tudo é muito bom (cf. Gn 1,31) e insiste em nos fazer amigos da Vida. A intimidade com o Senhor é, pois, um convite a uma experiência profunda de encontro entre o Criador e a criatura, quando experimentamos a força integradora de todo o nosso ser, criados que somos livres no amor e destinados à misericórdia.

Que haja em nós grande ânimo e generosidade constante, abertura de coração e disposição interior para encontrá-lo, reconhecê-lo, aderir a ele e caminharmos juntos. Ouçamos atentamente a sua voz, como dizia Santo Inácio, "como um amigo fala a outro amigo". Estejamos bem dispostos na sua presença para compreender o que ele nos faz ver e para onde seus projetos nos encaminham, até que ele seja tudo em todos (cf. 1Cor 15,28).

Pedido de graça da semana:

Senhor, que a alegria do Evangelho seja a nossa força,
renovando a nossa vida e inaugurando tempos
e espaços de misericórdia e reconciliação!

Domingo da 4ª Semana da Quaresma: 30 de março

"...o pai o avistou e teve compaixão"
(Lc 15,20)

Js 5,9a.10-12 | Sl 33(34),2-3.4-5.6-7 (R. 9a) | 2Cor 5,17-21 | Lc 15,1-3.11-32

EVANGELHO DE JESUS CRISTO SEGUNDO SÃO LUCAS 15,1-3.11-32

O livro de Josué, na liturgia de hoje, narra a entrada e a instalação do Povo de Deus na Terra Prometida. Os relatos são muito enfáticos, apresentando a posse da terra como um ingresso triunfal do povo, com Deus à frente, manifestando o seu poder e cumprindo as promessas feitas aos antepassados. Os israelitas, vindos do deserto, acabaram de atravessar o rio Jordão e aproxima-se a celebração da primeira Páscoa na Terra Prometida, e todos se preparam para viver este sinal visível da Aliança com Deus. A Páscoa, celebrada nessa terra livre, marca o início de uma nova etapa. Israel é, agora, um povo novo, povo eleito, comprometido com o Senhor, definitivamente livre da escravidão. Tem início uma vida nova, começa um tempo novo, nessa nova Terra de Deus com os homens.

A Segunda Carta aos Coríntios evidencia a chegada a Corinto de alguns missionários itinerantes que se apresentam como apóstolos e criticam a atividade de Paulo, semeando a discórdia e impondo aos pagãos convertidos as práticas da Lei de Moisés. Paulo sofre com as injúrias e recebe a ajuda de Tito para restabelecer a paz e propor a reconciliação, palavra-chave neste e em outros contextos, repleta de grande sentido para a vida de todo cristão, homem e mulher chamados a ser ministros da reconciliação. Em nossa adesão a Jesus Cristo, Deus nos oferece a oportunidade de nos reconciliarmos todos os dias, para vivermos uma relação autêntica de comunhão, de intimidade e de amor uns com os outros e com toda a obra da Criação.

No Evangelho, continuamos a caminho de Jerusalém, no itinerário espiritual que Jesus percorre com os discípulos e com cada um de nós, preparando-nos para sermos as testemunhas do Reino. Neste momento, a catequese do Senhor se concentra sobre a misericórdia, e Lucas coloca o acento na bondade e na atitude de um Pai amoroso que quer estender sua mão a todos, mesmo aos fariseus e escribas, ou ainda aos publicanos e pecadores que escutam a Jesus. O acolhimento de Jesus gera escândalo, e a parábola de hoje destaca os laços de ternura que o Pai Misericordioso dispõe em nosso favor.

A Parábola do Pai Misericordioso apresenta-nos três personagens bem conhecidos: o pai, o filho mais novo e o filho mais velho. Há, como podemos ver, lugar para todos nós. Coloquemo-nos aqui nesta cena. Imaginemo-nos no interior deste Evangelho. Gastemos tempo na contemplação dessas figuras. Sem dúvida, este texto é mais que a "Parábola do Filho Pródigo", como se tornou conhecida esta passagem, pois a personagem central é o Pai e sua infinita misericórdia.

O pai é uma figura excepcional, que reúne em si o respeito pelas decisões e pela liberdade dos filhos, com um amor gratuito e sem limites. Esse amor manifesta-se em muitos gestos, na escuta amorosa de cada filho, na expectativa atenta do menor sinal do filho mais novo, que poderia voltar a qualquer momento, no abraço que lhe tem preparado, no acolhimento que lhe reserva, mesmo sem saber se esse filho mudou. Trata-se de um amor que permanece inalterado; trata-se de um pai que continua a amar, mesmo na ausência e na infidelidade do filho. Ainda assim, haverá o anel posto no dedo e as sandálias nos pés – tudo bem guardado para qualquer dos filhos –, conferindo, novamente, ao que regressa a autoridade e a dignidade de homem livre e resgatado.

O filho mais novo é um obstinado, que exige do pai muito mais do que aquilo que lhe é de direito, pois a lei judaica previa que o filho mais novo recebesse apenas um terço da fortuna do pai (cf. Dt 21,15-17). Além disso, ainda que a partilha dos bens e a divisão das propriedades se possam fazer em vida de um pai, os filhos não teriam direito senão depois da morte do genitor. Estamos, pois, diante da imagem de alguém que abandona o amor e o aconchego da casa paterna para dissipar os bens colocados à sua disposição. No entanto, a despeito do egoísmo, do orgulho, da autossuficiência e da total irresponsabilidade, esse filho cai em si e acaba por perceber o vazio, a falta de sentido de suas ações e, vencendo o próprio orgulho, tem coragem de voltar e de pedir socorro, vindo outra vez ao encontro do pai.

Finalmente, o filho mais velho encarna o papel de certa fidelidade ao pai no cumprimento de suas funções e de todas as regras. No entanto, exigente e moralista, julga rapidamente o pai e o irmão, cobrando que se fizesse justiça a seus esforços e comportamentos. Acredita que, porque viveu dessa maneira, é superior a tudo e a todos, não compreendendo nem aceitando que o pai exerça o seu direito à misericórdia e acolha o filho mais novo – seu irmão, como retoma e corrige amorosamente o pai – recuperado e com vida.

Para viver a oração:

A lógica de Deus é inquietante: respeita absolutamente a liberdade e as decisões dos seus filhos, mesmo que o uso dessa pretensa liberdade os conduza a uma ilusória felicidade. Aí está o Deus da Esperança! Aconteça o que acontecer, continua a amar e a esperar ansiosamente pelo regresso dos filhos e, quando os reencontra, acolhe-os com amor e os reintegra no seio da família. Essa é a Alegria de Deus! É esse Deus de amor, de bondade, de misericórdia, que se alegra quando um filho regressa, que reúne os irmãos em torno da mesma mesa, que restitui e reconfigura a dignidade de todos: dos que partiram e dos que permaneceram, é bom lembrar. Há sempre um convite a deixarmo-nos arrastar por esta dinâmica de amor no julgamento que fazemos dos nossos irmãos. A misericórdia tem a primeira e a última palavra. Deixemo-nos guiar por ela!

- Estamos na penúltima Semana da Quaresma. Aproxima-se a Páscoa do Senhor! Tempo Novo de celebração da Vida! Há muitos motivos para viver a Alegria deste tempo que privilegia a reconciliação e os reencontros! Gastemos tempo no exercício de uma contemplação mais saboreada da ação do Senhor. Onde, afinal, o seu olhar e o seu coração se detiveram? Quem lhe chamou mais a atenção? Você saberia dizer por quê?
- A pedagogia de Jesus provoca a nossa sensibilidade. O Senhor nos desinstala. Certa vez o Pe. Pescatori, SJ, escreveu: "Acredito que, para mim, os erros deram melhores resultados que os acertos. Os acertos me faziam olhar por cima dos outros. Eu era o bom. Daí a falta de compreensão das limitações alheias, grande empecilho para o trabalho pastoral. Os erros me nivelaram aos demais. Os acertos me colocavam na atitude de filho mais velho: 'há anos que te sirvo, sem nunca jamais transgredir ordem alguma tua'... os erros me colocaram na atitude do filho pródigo: 'trata-me como a um dos teus servos'". O que essa reflexão me diz concretamente? Como lido com meus erros e acertos?

Ao final, faça o seu colóquio com o Senhor. Fale com ele! Conversem! Escute o que ele lhe diz. Esteja atento(a) ao que você sente. Reflita e depois tome nota, para tirar maior proveito.

Segunda-feira da 4ª Semana da Quaresma: 31 de março

"Pode ir, teu filho vive"
(Jo 4,53)

Is 65,17-21 | Sl 29(30),2 e 4.5-6.11-12a e 13b (R. 2a) | Jo 4,43-54

EVANGELHO DE JESUS CRISTO SEGUNDO SÃO JOÃO 4,43-54

Escolha o tempo e o lugar que mais o(a) ajudem a dispor-se na oração. Tome consciência de que você está na presença do Senhor e vá silenciando o ambiente interna e externamente, procurando encontrar uma posição corporal que lhe seja confortável.

Faça a oração preparatória, como de costume: "Senhor, que todas as minhas ações, intenções e operações estejam puramente ordenadas ao Vosso divino serviço e louvor".

Adquira o hábito de ler no dia anterior o texto bíblico sobre o qual vai concentrar-se na oração do dia seguinte, leia-o antes de dormir; reveja a graça a ser pedida ao longo da semana e siga as indicações abaixo, pois elas podem ajudar a criar um clima favorável para uma oração mais profunda.

Com Isaías, vemos que o povo que regressou do exílio se prepara para reconstruir a cidade e o templo. Um motivo comum une a todos: a alegria! Esse sentimento tem consequências diretas no presente da Igreja e do mundo e nos dá a conhecer um novo céu e uma nova terra. Os sofrimentos passados são apenas uma recordação. A harmonia reencontrada é condição definitiva de resistência e desafia-nos a viver no chão da realidade cotidiana. Os novos céus e a nova terra existirão quando a vontade de Deus se fizer "assim na terra como no céu". A vida nova exige sacrifícios e renúncias, até que cada um saiba "sair do próprio amor, querer e interesse" (cf. EE, n. 189). E o Reino de Deus se faz com a nossa participação e passa, incontornavelmente, pela nossa ação generosa.

O Evangelho de hoje retoma, ainda, uma questão importante: o que falta para que a fé possa atingir os nossos corações? Necessitamos de sinais e prodígios? Se, por um lado, a alegria com que Jesus é acolhido na Galileia é fruto da expectativa de ver milagres, por outro, o funcionário do rei tem um estado de ânimo bem diverso dos galileus, pois o que está em jogo é a vida do seu filho. Ele vai embora, então, confiante na palavra de Jesus. E, ao ouvir de seus empregados, enquanto ainda descia para Cafarnaum, que seu filho estava vivo, abraçou a fé, juntamente com toda a sua família. Trata-se, assim, da mera curiosidade e de um entusiasmo inicial ou de um verdadeiro encontro com o Senhor, tecido na confiança total?

Jesus sublinha essa diferença de comportamento e provoca o funcionário do rei, ao dizer: "pode ir, teu filho vive" (Jo 4,53). O que se passou no interior desse homem? De onde nasce essa fé que o move para além de sua necessidade e desespero? Ele crê sem ter visto nenhum sinal ou prodígio. A fé se inscreve numa relação pessoal de encontro com o Senhor.

Para viver a oração:

A humanidade de Jesus se viu antes confrontada, mas seu agir ético responde concretamente às necessidades humanas daqueles que cruzam o seu caminho. O risco de se sentir rejeitado em sua própria terra e julgado por seus conterrâneos não o impede de agir em vista do bem e da misericórdia. Por isso, não deixa de semear a alegria e de colher os frutos da verdadeira fé. Maltratado, o Senhor acolhe e redireciona o nosso olhar e as nossas intenções. É uma relação completamente nova e que nos convida a sair da superficialidade do que vemos.

- Aprofundando um pouco mais: onde você já consegue ver acontecer novos céus e nova terra? Aí, nesses lugares, quais foram as mudanças observadas? Alguma delas diz respeito a suas ações concretas? Você sente que o Reino de Deus tem passado por você, pela sua colaboração efetiva?
- Vimos que a verdadeira fé nasce de um encontro pessoal com o Senhor. O que me anima a viver e a crer incondicionalmente, muitas vezes, sem mesmo ter visto ou experimentado algo de extraordinário? O que nos move internamente, sobretudo quando experimentamos situações-limite? O desespero nos impede de ver novos céus e nova terra?

Termine fazendo um colóquio com o Senhor. Expresse suas questões, dúvidas e inquietações, se houver. Manifeste a ele seus sentimentos diante dessas cenas que acabamos de meditar. Tome nota do que julgar mais importante e reflita para tirar maior proveito.

Terça-feira da 4ª Semana da Quaresma: 1º de abril

“No mesmo instante o homem ficou curado” (Jo 5,9)

Ez 47,1-9.12 | Sl 45(46),2-3.5-6.8-9 (R. 8) | Jo 5,1-16

EVANGELHO DE JESUS CRISTO SEGUNDO SÃO JOÃO 5,1-16

A oração cristã pede especial atenção ao tempo dedicado e ao local escolhido, bem como ao cuidado com a posição corporal mais adequada. A pessoa toda deve estar implicada: corpo, mente, coração, imaginação, vontade... tudo contribui para nossa disposição.

Não nos esqueçamos, também, dos passos para a oração, considerando a oração preparatória, o pedido da graça desta semana, a composição de lugar a partir do texto bíblico, o colóquio, a revisão da oração.

Num breve momento, permaneçamos em silêncio e tomemos consciência da presença de Deus, Todo-poderoso no amor, na bondade e na misericórdia.

O futuro radioso que espera o povo eleito tem sua fonte na renovação espiritual proclamada por Ezequiel. A água, sinal da vida em abundância, é um manancial inexaurível e brota do interior do santuário. Do templo reconstruído e consagrado novamente, o Senhor difundirá para o seu povo a abundância de todos os bens. A terra se vê transfigurada e o deserto vai transformando-se numa explosão de vida. Toda a realidade é, assim, tocada e enriquecida pelo Espírito do Senhor que abençoa o nosso lugar e a nossa vida, a tal ponto de neles reconhecermos a imagem de um paraíso sobre a terra – o espaço e o tempo favorável da graça do Senhor, que nos socorre na pessoa de Jesus de Nazaré.

O que acabamos de meditar é, em alguma medida o que vemos acontecer na cena do Evangelho de hoje. A água da piscina de Betesda é agitada e traz consigo um poder de cura, de vitalidade. No entanto, apresentam-se algumas dificuldades para o paralítico que ali estava havia trinta e oito anos, pois nem todos tinham a mesma oportunidade, seja pelas condições físicas limitadas dele, especificamente, seja pela falta de ajuda ou ainda por uma compreensão muito distinta do que se podia ou não fazer em dia de sábado – salvar uma vida ou deixá-la perder-se.

Jesus, contudo, opta pelo bem maior e mais universal em qualquer circunstância, transformando toda concepção legalista e cheia de frieza em dom. A iniciativa do Senhor demonstra preferência pelos que sofrem à margem da vida. Não se trata de agilidade pessoal ou de esperteza individual, tampouco de sorte ou mérito para se alcançar o momento oportuno. Uma vez mais é a fé demonstrada por um indivíduo vulnerável que manifesta uma confiança irrestrita e permite que o bem aconteça, a despeito de toda competição ou sinal de pecado ou desordem que se apresente.

O ambiente asqueroso é, assim, transformado por um olhar atento e por uma relação honesta de alguém que confessa sua necessidade e se deixa ajudar, vencendo uma espera infinita e o menor sinal de orgulho. A fraternidade exercida por um desconhecido, num dia de sábado, ou seja, algo bastante improvável, vence toda barreira de impossibilidade, em nome da solidariedade de um gesto concreto, com apenas uma pergunta: “Queres ficar curado?”. A partir daí nasce uma autonomia e um movimento novo de locomoção independente e sinalizadora de um horizonte de possibilidades e de testemunho.

Para viver a oração:

A graça do Senhor reorienta e enche de sentido a vida; faz irromper, do meio da aridez, o Espírito que realinha o curso da história.

- Termine esta oração reconhecendo e dando graças ao Senhor por todas as vezes em que o improvável aconteceu na sua vida, reordenando estruturas caóticas e limitadoras das condições de dignidade e de justiça social, subvertendo o mal e fazendo aparecer o bem.
- Lembre-se de pessoas e situações que inspirem cuidado e atenção da sua parte. Peça ao Senhor que o(a) ajude a transformar, com a sua força e presença amorosa, tantas feições desfiguradas pelo sofrimento, pelo abandono e pela falta de oportunidades.

Reze um pai-nosso e uma ave-maria nessas intenções e pense em formas concretas de ação generosa e desinteressada. Faça o seu colóquio e, em seguida, tome nota do que achar necessário, para tirar maior proveito.

Quarta-feira da 4ª Semana da Quaresma: 2 de abril

"O Filho também dá a vida a quem ele quer" (Jo 5,21)

Is 49,8-15 | Sl 144(145),8-9.13cd-14.17-18 (R. 8a) | Jo 5,17-30

EVANGELHO DE JESUS CRISTO SEGUNDO SÃO JOÃO 5,17-30

Pacifique todo o seu ser para estar disponível e fazer-se presente ao Senhor.

Retome os passos da oração e disponha, com tranquilidade, os meios necessários para entrar com grande ânimo e generosidade na matéria a ser considerada. Leia com atenção os textos da liturgia e o que vem a seguir, levando em conta o que possa ser uma ajuda neste itinerário de crescimento espiritual e humano. Em suas decisões, use o "tanto quanto ajude" de Santo Inácio de Loyola.

Isaías segue com um tema que tem sido recorrente ao longo desta semana: o retorno dos deportados à pátria e a reconstrução de Jerusalém. Existe, porém, um dado novo, que passa pelo encorajamento dos exilados a se empenharem nessa empreitada, sustentados pela confiança de que tudo será conduzido como obra do amor de Deus. O Senhor mesmo será o protagonista dessas ações, não como o Todo-poderoso e soberano absoluto que deseja se impor e realizar a sua vontade a qualquer custo, mas com o carinho benevolente e respeitoso de quem se interessa por seu povo e o ama incondicionalmente, mostrando-se atento às suas necessidades e animando-o no caminho da liberdade.

Detendo-nos no Evangelho de hoje, a afirmação de Jesus: "Meu Pai continua a trabalhar até agora, por isso eu também eu trabalho" (Jo 5,17) não significa, de modo algum, um ativismo ou uma dificuldade de descansar da árdua missão. Pelo contrário, denota antes de tudo uma relação íntima e filial e uma atenção cuidadosa de quem acompanha os processos que vivemos e se faz presente, cuidando da vida e distribuindo com largueza os dons e bens que descem do Alto (cf. EE, n. 236-237). Além disso, muitas vezes, presenciamos Jesus buscando momentos de pausa para o necessário repouso e reflexão, sobretudo antes de decisões importantes, quando mantinha colóquios com o Pai. A dependência amorosa do Pai revela que o Reino de Deus nunca será usurpado pelo Filho, mas diz respeito a cada um de nós, que precisamos nos sentir implicados nessa tarefa de construção, nunca de modo ostensivo, senão despertados por uma Bondade maior e externa a nós e confirmados por um compromisso interior.

Nesse sentido, são dois movimentos que acontecem: um exterior a nós e outro interno. Estejamos, pois, atentos às intervenções feitas, pois que denotam evidências da ação amorosa do Pai, que não se faz indiferente a nada, mas trabalha interna e exteriormente no mundo e em nós. Todo milagre significa, assim, nossa abertura à graça e nossa disposição em não oferecer nenhum obstáculo ao Sumo Bem. Muitas vezes, vemos Jesus dizer: "tua fé te salvou!" (Mt 9,22).

Desse modo, em primeira e em última instância, a fé pessoal realiza os desígnios de Deus, e seus desejos alimentam e fazem crescer em nós a vida eterna. Essa dinâmica reverbera num modo de proceder que nos permite viver como ressuscitados, antes mesmo que experimentemos a morte. A Ressurreição, portanto, já opera no cotidiano, e seus efeitos se fazem sentir por toda parte onde a Vida se manifesta, a despeito de todo movimento contrário.

Por conseguinte, nossa responsabilidade, isto é, nossa capacidade para responder, só aumenta, em virtude de nossa relação responsiva e de nosso interesse e implicação, como cristãos, pelo cuidado com a Casa Comum e com toda manifestação de vida: o que nos faz filhos no Filho, colaboradores do Pai na missão redentora que também nos é confiada e compartilhada. É pelo amor que nos identificamos com ele e é também por amor que recebemos a vida e a comunicamos, expandindo o poder criador de Deus, por meio do Filho e, por extensão, presente e atuante em cada um de nós.

Para viver a oração:

A generosidade de nossa resposta, então, realiza sobremaneira o que nem podemos imaginar, pois aprendemos de Jesus que nossa fidelidade ao Senhor é diretamente proporcional à nossa sensibilidade e acolhimento amoroso aos nossos irmãos e irmãs.

- Como percebo a vontade de Deus em minha vida? É algo superior a mim e que concorre com meus desejos e afetos ou é algo que sinto que orienta meus propósitos e ordena minha vida? Sinto que o Senhor quer realizar em minha vida e comigo um plano de amor? Percebo e me disponho nesse sentido ou ofereço algum tipo de resistência? Por quê?
- Pensando em minha relação com o Senhor, existe a intimidade necessária que me faça crescer no amor filial (com Deus Pai) ou no amor fraterno (com Jesus)? O que preciso para progredir no conhecimento íntimo do Senhor? Dessa convivência amorosa depende a construção do Reino. Como me sinto implicado nessa resposta de amor que todo cristão batizado é chamado a dar?
- O que é, para mim, concretamente, viver como um ressuscitado? Sinto os efeitos da ressurreição operando no cotidiano da vida? De que modo me dou conta de que faço parte da missão redentora que o Senhor quer realizar? Como respondo a ele?

Realize seu colóquio com o Senhor e tome nota de tudo para tirar maior proveito.

Quinta-feira da 4ª Semana da Quaresma: 3 de abril

"Vós não quereis vir a mim para terdes a vida" (Jo 5,40)

Ex 32,7-14 | Sl 105(106),19-20.21-22.23 (R. 4a) | Jo 5,31-47

EVANGELHO DE JESUS CRISTO SEGUNDO SÃO JOÃO 5,31-47

Invista no tempo de preparação da oração: disponha-se, acalme o seu ser, busque o silêncio e o ambiente mais propício.

Refaça os passos da oração, com o pedido da graça para esta semana, e pondere com muito afeto o caminho feito até aqui. Tome consciência de que está na presença do Senhor e vá seguindo o que se propõe, parando e saboreando o fruto de tudo o que for vivendo, onde encontrar maior possibilidade de crescimento espiritual e humano.

Moisés é o grande intercessor em favor do povo. Plenamente solidário junto aos pecadores, prefigura o Cristo caminhante que insiste numa proposta de salvação, sempre disposto a recomeços, com destaque para a fidelidade à Aliança. De igual modo, reitera, ainda, a figura da Igreja, chamada a continuar a obra redentora de Cristo, em resgate de todos, pela fé que nos anima e ampara.

Jesus é o Defensor. A coerência interna de sua vida-missão o coloca em franca oposição com seus detratores e gera uma profunda hostilidade dos líderes judeus. Ninguém pode dar testemunho de si mesmo. No entanto, ele responde com firmeza e coragem às acusações que lhe são dirigidas e se apoia em várias testemunhas que confirmam sua identidade e sua origem divina: conta com o Pai, que prepara a sua vinda e fala por meio das Escrituras, pela ação dos patriarcas e dos profetas; e com João Batista, seu precursor e quem aplaina suas veredas num batismo de conversão dos pecados. Além disso, as obras e os inúmeros sinais realizados em nome daquele que o enviou dão conta de quem ele é. Mesmo Moisés, aqui evocado novamente, contradiz a figura dos acusadores de Jesus, que diziam respeitá-lo.

A contraposição é clara: o Defensor tem um compromisso com a vida e desafia os acusadores a ouvirem a voz do Pai, reconhecendo em Jesus a legitimidade de suas ações salvíficas. Para tanto, é necessário abrir-se e aplicar bem os sentidos para avançar sempre. Trata-se, assim, de educar a nossa sensibilidade para sairmos de nossa autorreferência e caminharmos no sentido da fraternidade e do acolhimento aos outros, vencendo nossas resistências mais profundas e tudo o que nos paralisa.

Quais são os riscos que temos de assumir? Como encontrar nosso lugar concreto de atuação num tempo de tanta contradição e discursos polarizados? Onde a fé pode conferir sentido ao que vivemos, reposicionando nossas ações e posturas? Por onde podemos começar a criar condições de possibilidade e de diálogo profundo?

Para viver a oração:

É o Senhor que nos inspira a abandonar toda limitação e negligência em favor de um modo mais simples e descomplicado de viver, coerentes com o nosso batismo e com a missão que recebemos, encarnando uma vida de fé contextualizada e atenta aos clamores do povo. Inauguremos, pois, com coragem, uma história de comunhão com nossos irmãos e irmãs, que nos faça verdadeiros seguidores de Jesus de Nazaré, alinhados às promessas de Deus Pai, provocados pelo exemplo de João Batista, desejosos de também realizar as obras da redenção.

- Reconsidere os textos da liturgia de hoje. Tanto Moisés quanto Jesus são figuras de incansável solidariedade junto ao povo. De que modo eles nos inspiram a viver concretamente a realidade, interpelados pelos valores do Reino? Quais são as dificuldades que devo enfrentar no cotidiano se desejo viver coerentemente a minha fidelidade ao Senhor que se lembra sempre da Aliança? Em que ponto do caminho me encontro?

- No Evangelho de hoje, Jesus encontra-se diante de um impasse diante dos judeus. Como você se sente diante desses apelos? Você tem coragem suficiente para dar seu testemunho quando necessário? Que tipo de transformação você pode operar, dentro de suas condições de possibilidade, para viver uma fé mais autêntica e culturalmente contextualizada?
- O relacionamento com Jesus é afetivo e, por isso, pode tornar-se efetivo e garantidor de Vida. Trata-se de um reconhecimento pessoal, mas que nos abre ao mundo e a todos, concretizando-se num bem sempre mais universal e comunitário. Destina-se a "todos, todos, todos...", como afirma o Papa Francisco. Não basta reconhecer intelectualmente o Senhor. É preciso acordar no coração as fibras de uma afetividade que reconheça e seja capaz de sentir e saborear a presença do Senhor, para mais amá-lo e servi-lo.

Reflita internamente, faça o seu colóquio, agradeça e anote tudo o que for oportuno, para tirar maior proveito do que tem podido viver. Estamos cada vez mais perto da fonte da Vida!

Sexta-feira da 4ª Semana da Quaresma: 4 de abril

“Eles procuravam prendê-lo”
(Jo 7,30)

Sb 2,1a.12-22 | Sl 33(34),17-18.19-20.21 e 23 (R. 19a) | Jo 7,1-2.10.25-30

EVANGELHO DE JESUS CRISTO SEGUNDO SÃO JOÃO 7,1-2.10.25-30

Vamos aproximando-nos da Quinta Semana da Quaresma, vai chegando o tempo de verificar nossas reais condições de acompanhar o Senhor, de sermos solidários com Jesus e de nos mantermos fiéis até o fim. Leia com atenção os textos da liturgia e o que vem a seguir, levando em conta o que possa ser uma ajuda neste itinerário de crescimento espiritual e humano.

Reveja, por isso, os passos da oração, buscando adequar tempos e espaços em função de uma intimidade maior com o Senhor. Refaça o pedido da graça desta semana, considerando seus esforços para alcançar a alegria como um dom que brota do Evangelho, continuando firme no caminho, com grande ânimo e generosidade, animado(a) pela misericórdia e por atos de reconciliação consigo mesmo, com o mundo, com a natureza e com Deus.

Procure um modo de se inserir mais neste itinerário, deixando-se mover pelo Senhor, por uma coerência interna maior e um sentido de liberdade sempre crescente diante da vida.

O justo constitui uma ameaça para os ímpios. Por isso, eles se empenham tanto em persegui-lo e eliminá-lo. O livro da Sabedoria propõe, assim, quase no encerramento desta semana, um oráculo profético que ganha todo sentido à luz da Paixão de Cristo que se aproxima. Ele é o Justo por excelência, aquele que coloca toda a sua confiança no Pai. Maltratado, não abre a boca, pacientemente suportando tudo por amor. Nesta página das Sagradas Escrituras, há também espaço para reconhecer, na Igreja, povo de Deus a caminho e em peregrinação pascal, o rosto sofrido de tantos homens e mulheres, vítimas da injustiça e da opressão. É com eles que o Senhor se faz solidário no caminho do Calvário, fazendo sua a paixão de todos e auxiliando-os em suas dores e provações. O convite está feito: o Memorial Permanente é celebrado em contínua ação de graças, renovando nossa disposição para amar e servir, encarnando em nossa história a vida do corpo místico que se apresenta e se reúne todos os dias ao redor da Mesa da Palavra e da Eucaristia.

O cerco ao redor de Jesus vai se fechando. Ele percorria a Galileia, mas evitava aparecer publicamente porque sabia que os judeus procuravam matá-lo. No entanto, ainda não havia chegado a sua hora. Muitos tinham dúvidas a seu respeito. E isso não é difícil de entender, pois não o conheciam suficientemente, nem demonstravam interesse em saber, de fato, quem ele era. Não queriam intimidade com Jesus. Julgavam saber tudo sobre o Messias, a ponto de o reconhecerem quando viesse, mas não tiveram sensibilidade bastante para o identificarem diante deles. Estavam presos demais às suas ideias e aos seus próprios esquemas. Inverteram a lógica bíblica e faziam para si um Deus à sua imagem e semelhança. Eis a maior de todas as idolatrias: subverter o princípio da Criação! Negar que somos criaturas, imagem e semelhança do nosso Criador e Senhor.

Noutra perspectiva, o Evangelho de João evidencia muitos sinais, isto é, prodígios e milagres. Todo bem realizado por Jesus comprova sua íntima união com o Pai. No entanto, os judeus não foram capazes de reconhecer o princípio de toda obra realizada pelo Filho, a quem o Pai havia consagrado e enviado ao mundo. E o intuito de Jesus não era, pura e simplesmente, que cressem nele, mas que pudessem reconhecer a ação bondosa do Pai, em nosso favor, por meio dele.

As obras realizadas deveriam, assim, não apenas abater todo obstáculo ao reconhecimento do Senhor, mas também levar a uma reflexão séria que os pudesse abrir à luz do Cristo, determinando, finalmente, esse encontro amoroso entre a criatura e o seu Criador e Senhor. Preferiram logo a sentença, o julgamento e a condenação. Era mais fácil que admitir e dar o passo da fé e do reconhecimento da presença viva de Deus, por meio de Jesus Cristo, caminhando e revelando o rosto do Pai, demasiadamente humano.

Para viver a oração:

Para nós, fica a questão: por que essa manifestação tão humana do Senhor incomodou tanto? Por que custou tanto esse passo e esse consequente reconhecimento? Por que tamanha perseguição?

- Retornemos, pois, ao texto bíblico e acompanhemos Jesus. Conversemos com ele e procuremos acolher o que se passa em seu coração. Onde me reconheço? Tenho condições de estar ao seu lado? Que evidências tenho para crer ou o que me falta para minha adesão plena e pessoal ao Senhor?
- Abramos nossa mente e o nosso coração. Reconheço as forças que me habitam o mais profundo do ser? O que existe aí dentro? Tenho medos e angústias? Ressoa em mim a iminente Paixão de Jesus e mesmo o sofrimento de tantos irmãos e irmãs? A dor do mundo me diz respeito? Entro em franco diálogo com o Senhor e lhe expresso meus mais íntimos desejos de fazer caminho com ele até o fim?

Terminemos a oração agradecendo imensamente ao Senhor por tudo o que pudemos viver ao seu lado. Reze um pai-nosso e tome nota do que tiver sido a tônica deste momento, bem como os apelos mais fortes que surgiram. Reflita para tirar maior proveito.

Sábado da 4ª Semana da Quaresma: 5 de abril

Repetição inaciana:

Não há progresso espiritual se não se tira o maior proveito das lições que nos vêm de experiências anteriores. Nesse ponto, insistia Santo Inácio e aqui também vamos deter-nos, a fim de que tenhamos uma experiência mais profunda e duradoura do que fomos vivendo ao longo desta semana. Deus nosso Senhor move e atrai a vontade, de tal modo que a pessoa espiritual segue o que lhe foi mostrado, sem duvidar nem poder duvidar (cf. EE, n. 175).

Desse modo, com serenidade e num tempo tranquilo, sem grandes agitações, propomos este exercício de repetição. O retorno a um tema já meditado ou contemplado é, pois, um exercício de discernimento. Trata-se de conhecer e de se apropriar da maneira de agir do Espírito. A experiência é mestra e formadora, mas somente se for relida, examinada, solidificada. Vamos construindo-nos a partir da retomada permanente do que vivemos, num convite a sairmos da superficialidade. Daí a necessidade contínua de tomarmos consciência do vivido, de encontrar tempo para repetir e interiorizar a experiência. É assim que ela se torna formadora do nosso caráter e do nosso agir coerente no mundo em favor da Vida. O convite à repetição encontra-se em todo o livro dos *Exercícios Espirituais*, recomendando-se atentar e demorar-se nos pontos em que se sentiu maior consolação ou desolação ou maior sentimento espiritual (cf. EE, n. 62).

- Escolha, então, dentre as orações da semana, aquela que pareceu mais forte, segundo esses critérios, e volte a ela. Faça como nos outros dias, iniciando com a oração preparatória e pedindo a graça da semana.
- Contudo, o que se quer, agora, não é um retomar ou um fazer de novo o mesmo exercício, mas repassar o processo da experiência vivida, desta vez sob um novo olhar, evocando e revivendo o que se experimentou. Retorne, assim, aos sentimentos vividos na oração e vá experimentando uma decantação progressiva, concentrando-se

no que for essencial e percebendo onde e como se manifesta a ação e a vontade de Deus sobre mim e a minha vida.

- Debruçar-se sobre os pontos mais fecundos ajuda a assimilar o que nos acontece, importante passo a fim de caminhar, pois assim se guia por pistas mais seguras. Termine, como de costume, a oração e faça uma revisão desta quarta semana do Retiro Quaresmal.

Já temos muita matéria de oração para partilha, seja comunitária, seja individualmente, com meu acompanhante espiritual, e um ânimo renovado para a próxima etapa: a Quinta Semana da Quaresma nos espera...

Boa continuação!

QUINTA SEMANA DA QUARESMA

Pe. Adroaldo Palaoro, SJ

Introdução

Chegamos à última semana do percurso quaresmal de 2025. Estamos às portas das celebrações do Mistério Pascal: paixão, morte e ressurreição de Jesus Cristo. Nesta semana, somos chamados a entrar em sintonia com a fidelidade de Jesus à causa do Reino: compromisso com a vida até as últimas consequências.

Caminhar com Jesus até a Cruz-Ressurreição vai "des-velando" em nós um outro modo de viver, mais humano, mais comprometido, mais autêntico; uma vida feita de pequenos gestos carregados de ternura, de atitudes oblativas e abertas ao diferente, de inspirações habitadas pela novidade do Espírito, que despertam em nós uma sensibilidade ecológica, de silêncios que dançam com as palavras.

O Evangelho de abertura desta Quinta Semana, inspirada na presença misericordiosa de Jesus, convida-nos a viver uma "ecologia do coração". A ecologia integral tem suas raízes no coração compassivo e sensível aos dramas da humanidade e da Criação.

O apelo provocado pela Campanha da Fraternidade nos oferece a oportunidade de uma "mudança de rumo na humanidade". Estamos sendo desafiados a quebrar o ritmo estressante e apressado que levávamos; nosso planeta precisa respirar, nossas cidades gritam por uma purificação de tanta contaminação acumulada; é urgente despertar uma consciência social diante do aquecimento da terra, da destruição dos ecossistemas, da desertificação; é preciso quebrar o ciclo do consumismo predador e buscar um modo de viver mais sóbrio, contentando-nos com o necessário; é preciso ativar novas formas nas relações interpessoais, superando a cultura do ódio, da intolerância e do preconceito que tanto nos desumanizam.

Pedido de graça da semana:

Senhor, que inspirado(a) em sua presença misericordiosa,
possa se reacender em meu coração
a "faísca" da misericórdia.

Domingo da 5ª Semana da Quaresma: 6 de abril

“Quem de vós não tiver pecado, atire a primeira pedra” (Jo 8,7)

Is 43,16-21 | Sl 125(126),1-2ab.2cd-3.4-5.6 (R. 3) | Fl 3,8-14 | Jo 8,1-11

EVANGELHO DE JESUS CRISTO SEGUNDO SÃO JOÃO 8,1-11

Antes de “entrar” em oração, crie um clima favorável, recordando os “passos” para a oração e os preâmbulos, e alimente uma atitude de coração que escuta atentamente.

“A misericórdia de nosso Senhor se manifesta sobretudo quando ele se inclina sobre a miséria humana e demonstra sua compaixão, para quem necessita de compreensão, cura e perdão. Tudo em Jesus fala de misericórdia; mais ainda, ele mesmo é a misericórdia” (Papa Francisco).

A presença misericordiosa de Jesus aparece claramente na cena da “mulher adúltera”, conforme o Evangelho deste domingo. Ali, a mulher é colocada no centro pelas autoridades religiosas, que tem a lei na mão: sobre ela só recai constrangimento, humilhação, olhares julgadores, juízo de morte.

Vítima de julgamento, ela está no centro da morte. Não há saída, perante a lei. Jesus, no entanto, toma outra atitude: desloca-se para o centro das atenções e se faz centro junto com a mulher; sua presença solidária continua deixando a mulher no centro, contudo, ele muda a situação: ela agora está no centro da misericórdia, e, por isso mesmo, no centro da vida.

Para viver a oração:

Leia as indicações abaixo que podem servir de suporte para uma contemplação:

Jesus, com sua presença misericordiosa, inverte o sentido do centro: antes, centro de exclusão e violência; agora, centro como ponto de partida para nova vida. Antes, um centro atrofiado que conduzia à morte; agora, centro expansivo, pois ativa e impulsiona a vida em direção a um novo horizonte de sentido.

A partir desse centro, junto a Jesus, a mulher poderá ser autora de sua nova existência; ela é movida a expandir esse centro, indo ao encontro dos outros para testemunhar a experiência que viveu: "vai e de agora em diante não tornes a pecar" (Jo 8,11). Ela, agora, torna-se centro da vida pois recupera sua autonomia e poderá abrir-se ao novo futuro, como oferta da misericórdia.

Jesus sempre deixou transparecer um "olhar alternativo", transparente, longe do julgamento, do desprezo e da humilhação. Por isso, diante da insistência das autoridades religiosas, que argumentavam com as pedras nas mãos, ele faz silêncio – esse tempo e esse espaço ajudam também os acusadores a olhar de outra maneira. Olhando com amor há, sim, saída para a mulher adúltera. Se não olharmos a realidade com amor, toda a nossa visão estará adulterada. As autoridades religiosas compreendem quando Jesus as convida a olhar a mulher com misericórdia e a partir de sua própria realidade de pecadores. Os varões deixam cair as pedras de sua segurança e da lei, abrindo suas mãos para acolher outra visão. Assim, a mulher é salva da morte, da lei, de seu pecado e do cerco social que lhe negava a vida, simbolizado nesse grupo de homens que a rodeava.

- Jesus olha a interioridade, ali onde essa mulher é amada pelo Pai, e resgata sua vida dos olhares de morte que a capturam. Nesse dia, o povo que rodeava Jesus aprendeu a olhar.
- Precisamente porque conhece o coração humano, Jesus acerta ao dizer: "Quem de vós não tiver pecado, atire a primeira pedra" (Jo 8,7). Tudo por culpa da "primeira pedra", lançada com frequência sem medir as consequências.

- Diante destas palavras, que desnudam as atitudes farisaicas daqueles que se achavam “justos”, todos se afastam. Ninguém é melhor que ninguém. Com que direito julgamos, desqualificamos e condenamos?

Leia o Evangelho deste domingo; com a imaginação entre na cena, situe-se junto com os outros personagens, ao redor de Jesus, numa atitude de escuta. Olhe-os: a mulher constrangida, as autoridades religiosas com pedras nas mãos, os gestos de Jesus. Escute as palavras proferidas: palavras de morte, por um lado; palavras de vida, por outro.

Observe, com atenção mais apurada, o deslocamento de Jesus em direção à mulher e o gesto de escrever no chão. Silêncio e palavras ressoam fortes diante da cena dramática. Jesus é senhor da situação: toma a defesa da mulher e abre, para ela, uma nova vida. Com suas mãos benditas, levanta-a.

Deixe-se impactar pelos gestos dos personagens: contemple as mãos dos escribas e fariseus; contemple as mãos de Jesus; contemple as suas mãos. Reserve um tempo de colóquio com Jesus: deixe-se fecundar pelos gestos oblativos e solidários de Cristo. Expresse seus sentimentos mais profundos com palavras de louvor, de agradecimento, de súplica.

Termine sua contemplação fazendo o registro dos sentimentos mais elevados, a escrita de Deus no seu coração.

Segunda-feira da 5ª Semana da Quaresma: 7 de abril

"Eu sou a luz do mundo"
(Jo 8,12)

Dn 13,1-9.15-17.19-30.33-62 | Sl 22(23),1-3a.3b-4.5.6 (R. 4a) | Jo 8,12-20

EVANGELHO DE JESUS CRISTO SEGUNDO SÃO JOÃO 8,12-20

Jesus sempre foi a luz, nele não há sombras nem exclusões. Ninguém nunca ficou à margem da sua luz, pois seu olhar pousava sobre todos, sem distinção de raça, língua ou religião. Quando Jesus se aproximava da realidade condenada, ele a olhava de maneira diferente daquele olhar domesticado pelo moralismo e legalismo como era o das autoridades religiosas.

Podemos, então, afirmar que é luz todo aquele que encarna o espírito das bem-aventuranças. Ou seja, somos luz, como Jesus, na medida em que, esvaziando-nos de nosso ego, permitimos que a luz simplesmente "passe" através de nós sem encontrar obstáculo.

Para viver a oração:

Aqueça o seu coração para entrar em intimidade com o Senhor, que sempre vem ao seu encontro. Prepare o terreno interior com as "adições", o lugar, a posição corporal, o silêncio, e os preâmbulos, a composição do lugar, o ato de pedir a graça.

Deixe-se iluminar pelos "pontos" abaixo, substrato para alimentar sua oração:

- A vida de Jesus aparece como "luz" pelo que ele era e vivia. Sua mensagem era sumamente simples, centrada no compromisso com todos e numa presença compassiva; afinal de contas, "luz" é outro nome da compaixão. Jesus despertou um movimento humanizador, carregado de sabor e iluminação, afetando a todos que dele se aproximavam. Ele não estava preocupado em fazer proselitismo, nem em anunciar uma nova religião, uma doutrina mais palatável etc. Sua presença iluminante "des-velava" a luz presente em toda e qualquer pessoa.
- O símbolo da luz é muito rico: ilumina, aquece, guia, agrega, tranquiliza, reconforta. A luz é força fecundante, princípio ativo, condição indispensável para que haja vida. Tem capacidade de purificar e regenerar. Em oposição às trevas, a luz exalta o que é belo, bom e verdadeiro.
- Vivemos imersos no oceano da Luz divina; carregamos dentro a força da luz. Ela sempre está aí, disponível; basta abrir-nos a ela com a disposição de acolhê-la e de fazer as transformações que inspira.
- Pelo fato de ser benfazeja e criadora, a luz nos permite dizer com o poeta Thiago de Mello, no meio de impasses, ameaças e conflitos que pesam sobre nossa vida: "Faz escuro, mas eu canto".
- A pessoa que vive descentrada de si mesma torna-se um canal por onde passa a mesma luz divina. Não a impede, não a retém, nem se apropria dela, mas permite que a Luz divina ilumine tudo.
- Ser luz significa explorar nossas possibilidades humanas e espirituais e pôr toda essa riqueza à serviço dos demais. Devemos ter cuidado: devemos iluminar sem deslumbrar. Ninguém é "a" luz, senão que tem um pouco de luz. E todos compartilhamos mutuamente a luz que vem de Deus. Nossa pequena luz reforça e ativa a luz presente no outro.
- O ser humano é luz quando expande seu verdadeiro ser, ou seja, quando transcende e vai mais além, desbloqueando as ricas possibilidades de humanidade. A luz, por si mesma, é expansiva.
- O salmista utilizará um registro parecido, contemplando nosso espaço interior como uma fonte de luzes; uma fonte que deixa transparecer

aquela Luz profunda que nos leva por caminhos de paz e serenidade: "Pois a fonte da vida em ti se encontra: graças à tua luz, vemos a luz" (Sl 35(36),10).

- Deixemo-nos iluminar pela Luz de Deus, levemos a Luz nas nossas pobres e frágeis mãos, iluminando os recantos do nosso cotidiano.

Leia, saboreando, o Evangelho deste dia; contemple o significado de cada palavra iluminante de Jesus. Faça memória de pessoas que foram presenças iluminantes em sua vida e recorde situações em que você foi luz para os outros.

Que atitudes e comportamentos seus projetam luz para potenciar a tímida luz presente no outro? Você está integrado(a) ou deve se integrar em alguma comunidade, grupo ou movimento eclesial para ser luz coletivamente? A que compromissos concretos o Espírito o(a) impulsiona pessoalmente e a sua comunidade para ser luz em seu entorno?

Faça um colóquio diante daquele que é sempre Luz, suplicando, louvando, agradecendo. Termine sua oração e registre os sentimentos iluminantes que afloraram.

Terça-feira da 5ª Semana da Quaresma: 8 de abril

"Quando tiverdes levantado o Filho do homem, então sabereis que 'Eu sou'" (Jo 8,28)

Nm 21,4-9 | Sl 101(102),2-3.16-18.19-21 (R. 2) | Jo 8,21-30

EVANGELHO DE JESUS CRISTO SEGUNDO SÃO JOÃO 8,21-30

Jesus não foi "elevado" só na Cruz, no final de sua missão, mas viveu sempre "elevado", porque desceu ao mais profundo de sua humanidade e da humanidade dos outros.

"Ser elevado" significa que ele foi humano por excelência; toda a sua humanidade foi atravessada pelo divino: em Jesus não havia resquícios de ego inflado, de vaidade, de busca de prestígio ou de poder. Reconheceu-se como "pobre e humilde servidor" porque desceu ao húmus de sua vida e aí deixou-se conduzir pelo Pai. Jesus entra na história de cada um pelo lado da fragilidade, da limitação, da pobreza. Ele viveu a elevação em todos os momentos de sua vida, porque se sentia envolvido pela presença misericordiosa e providente do Pai.

Para viver a oração:

Comece a sua oração tomando distância dos ruídos cotidianos. Mobilize seu corpo, seus sentimentos, sua memória, sua inteligência e vontade para "elevar-se" no fluxo da graça divina.

Com a ajuda dos preâmbulos, isto é, da composição do lugar, da petição da graça e da quietude interna, entre em sua "tenda do encontro" para deixar-se inspirar por aquele que já se encontra aí, no mais profundo do seu ser.

Deixe-se provocar pelos "pontos de oração" abaixo:

- A "elevação" de Jesus diz respeito a todos nós; todos estamos implicados neste mistério e experimentamos a elevação através de dois movimentos:
- No primeiro, experimentamos a elevação quando descemos ao mais profundo de nossa humanidade, às raízes de nossa existência. Há muitos recursos, dons, potencialidades, desejos nobres, inspirações, beatitudes originais, presentes em nosso interior e que querem emergir, elevar-se. A elevação começa em nosso interior quando "o que há de Deus em nós" se expande, plenificando e dando sentido à nossa existência.
- Em Jesus, Deus assume tudo o que é humano em nós e ilumina, plenifica. Nada do que é humano lhe escapa. Ele nos eleva e nos faz planar sobre suas asas de águia, para ampliarmos nossos horizontes, nossa visão da realidade. Sua Graça desperta e ativa todos os nossos dinamismos e forças. Quem vive elevado sonha alto, deseja grande, torna-se criativo e um eterno buscador. Sua vida torna-se oblativa, descentrada, é movimento de saída de si.
- Seguir Jesus nos faz viver com os pés plantados no chão da vida e da história e, ao mesmo tempo, faz-nos transcender, romper fronteiras, ir além de nós mesmos. Quem não se deixa inspirar pelo mistério da "elevação em Jesus" limita-se a uma vida "normótica", repetitiva, mecânica, estreita, atrofiada. Perde o sabor da vida, trava sua criatividade e mata sua capacidade de sonhar.
- No segundo, já estamos despertados pelo mistério da "elevação de Jesus": a partir de uma interioridade expandida a pessoa se eleva na direção do outro através do serviço solidário, da presença compassiva e do compromisso eficaz na transformação da história. "Elevar-se com Jesus" nos move a reforçar os laços, a alimentar a comunhão, a viver a cultura do encontro. A "elevação" rompe fronteiras geográficas, sociais, culturais, religiosas e conclama à vivência da

fraternidade universal. Ela abarca a humanidade inteira. Por partir do chão da humanidade, a "elevação" nos humaniza e nos capacita a criar mediações humanizadoras. Não é possível crer na "elevação" da humanidade se nos deixamos levar pela "baixeza" da aparência, do ódio, da intolerância, da violência.

Acolha humildemente as palavras de Jesus recolhidas pelo evangelista João na leitura de hoje. Entre no fluxo de sua vida "elevada" pela compaixão e serviço.

"Vida rasteira" ou "vida elevada": eis a questão. Qual predomina em sua vida? Converse com o Senhor como um amigo conversa com outro amigo, e no final examine a sua oração: dê nomes aos sentimentos elevados, aos desejos nobres, aos pensamentos oblativos.

Faça o registro no seu caderno de vida e alimente um desejo de crescer na intimidade do Senhor na próxima oração.

Quarta-feira da 5ª Semana da Quaresma: 9 de abril

"Se, portanto, o Filho vos libertar ficareis realmente livres" (Jo 8,36)

Dn 3,14-20.24.49a.91-92.95 | Dn 3,52.53-54.55.56-57 (R. 52b) | Jo 8,31-42

EVANGELHO DE JESUS CRISTO SEGUNDO SÃO JOÃO 8,31-42

Quem vive o seguimento de Jesus, identificando-se com seu modo de ser e viver, começa a viver na humildade, e isso já é "caminhar em verdade". "E a verdade nos libertará" (Jo 8,31).

A humanidade busca a verdade, mas também pode asfixiá-la. Costuma-se reprimir a verdade que incomoda. E aqui tocamos um ponto tão nuclear quanto habitualmente mal entendido e pior vivido. A verdade não é uma crença, ou conjunto de crenças, nem uma formulação ou doutrina.

Especialmente quando o assunto é religião, existe a tendência de querer impor, pela força, pelo medo, aquilo que acreditamos ser verdadeiro. A Verdade não se reduz a teorias, a dogmas, a doutrinas, mas sim à transparência da nossa essência, do nosso ser verdadeiro.

Para viver a oração:

Para entrar na "tenda do encontro com o Senhor" é preciso investir na preparação: na atitude interna, nos passos para a oração, nos preâmbulos, isto é, na composição do lugar e na petição da graça.

Leia os "pontos" abaixo que servirão de apoio para a intimidade com o Senhor:

- Quando um cristão diz: "Eu tenho a verdade, porque Jesus disse que era a Verdade, e eu creio nele", este caiu numa armadilha e, com frequência, numa danosa confusão. Ter uma crença não nos garante estar na verdade. Como se explica que alguém, em nome da "verdade", cometa violência aos outros ou simplesmente os desqualifique? Quem faz isso é claro que não está na verdade. Quando a verdade se identifica com "crenças", "formulações" ou "doutrinas", acontecem efeitos estranhos, como o de confessar verbalmente uma coisa e estar vivendo a contrária.
- Por isso, assim como a crença forçosamente tende a separar os que creem dos que não creem, a Verdade, pelo contrário, sempre integra. Seguir a Jesus não significa ter determinadas crenças, mas estar dispostos a realizar a Verdade, o que ele viu e viveu. Jesus não disse: "tenho a verdade", mas "sou a Verdade", ou seja, sempre foi verdadeiro, transparente, sem segundas intenções e falsidades. Por isso, ante o fanatismo que revela fechamento e estreiteza, a verdade requer abertura humilde, questionamento e flexibilidade. E é precisamente a pessoa que assim vive aquela que "é da verdade".
- Onde há verdade, há humanidade transparente, há rosto fascinante. Quando a verdade se "des-vela" e se faz visível, o ser humano se ilumina.
- "Agir conforme a verdade nos aproxima da luz", de modo que somos chamados a ir tecendo, dia a dia, a existência conforme o que é coerente com o nosso ser essencial, no mais profundo de nós mesmos: uma vida na verdade, uma vida iluminada. Assusta-nos conhecer tal como somos. Sentimo-nos incomodados quando a luz penetra em nossa vida e nos "des-vela". Preferimos, muitas vezes, continuar cegos, alimentando novos enganos e ilusões.
- Pode parecer estranho, mas é certo que somos capazes de viver longos anos sem ter a mínima ideia daquilo que está acontecendo em nosso interior. Podemos continuar vivendo nossos dias sem desejar ver aquilo que, verdadeiramente, move a nossa vida, e quem fundamenta interiormente as nossas decisões.

- A cada dia somos convidados a despertar e a abrir os corações, a escutar o Espírito e a pôr-se a caminho, enquanto "a luz da vida" nos ilumina. Nós somos a verdade: em um nós aberto, como Jesus, aberto a todos os que vão e que vem, de um modo especial os mais pobres, os excluídos de todos os sistemas de "verdade" do mundo; somos "verdade" na medida que somos verdadeiros, transparentes, sem segundas intenções.
- Quem se descobre verdadeiro e sem máscara vive profundamente, alarga sua vida a serviço dos sem vida. Esta é a via da humanização; e quanto mais nos humanizamos, mais nos divinizamos.

Leia o Evangelho deste dia, saboreando as palavras de verdade proclamadas por Jesus. Deixe a luz do Evangelho revelar a verdade de seu ser, a sua essência. Quanto mais livre é uma pessoa por dentro, mais humana é, e é mais de Deus, como Jesus o é.

Quais são os "traços" mais originais, mais verdadeiros de sua personalidade? Há algo que o aprisiona, que o escraviza e limita sua liberdade? Como ser transparente e verdadeiro em um mundo marcado por tantas mentiras, *fake news*, falsidades?

Entre em diálogo com o Senhor, agradecendo por se sentir criatura original e livre. Termine sua oração fazendo um breve exame, percorrendo os sentimentos e moções que brotaram e que podem iluminar sua vida. Faça um registro no seu caderno de vida.

Quinta-feira da 5ª Semana da Quaresma: 10 de abril

"Se alguém guardar a minha palavra, não morrerá nunca" (Jo 8,51)

Gn 17,3-9 | Sl 104(105),4-5.6-7.8-9 (R. 8a) | Jo 8,51-59

EVANGELHO DE JESUS CRISTO SEGUNDO SÃO JOÃO 8,51-59

Estamos no final do capítulo 8 do Evangelho de João. Chega a hora do desenlace; a alternativa é clara: abrir-se à verdadeira Vida ou permanecer enredados numa vida atrofiada; acolher a Palavra inspirada ou mergulhar no "palavreado crônico". Não há neutralidade.

As palavras, por sua natureza, são ambíguas: podem brotar das profundezas mais sadias de nosso ser, e serem palavras de vida, ou das regiões mais petrificadas e fétidas de nosso interior, e serem assim palavras de morte; com elas nos humanizamos ou nos desumanizamos; através da palavra criamos ou destruímos, nomeamos ou eliminamos.

Para viver a oração:

Para escutar atentamente as palavras inspiradas de Jesus é preciso preparar o terreno interior: mobilize todo o seu ser, corpo, afetos, memória, inteligência e coração.

Esteja atento aos preâmbulos, pois eles aquecem o ambiente da oração: faça a oração preparatória, disponha-se à composição do lugar, recite a petição da graça desta semana.

As indicações abaixo podem servir de mediação para facilitar a intimidade com o Senhor:

- As palavras de Jesus não encontram ressonância nos corações petrificados dos judeus. No entanto, ele não as retira, mas as reafirma mais ainda: "Se alguém guardar minha palavra, não morrerá nunca" (Jo 8,51). Suas palavras parecem duras, mas transmitem vida, fazem viver, pois contêm o Espírito de Deus.
- Também hoje, as palavras de Jesus continuam nos provocando, chamando, "des-velando" nossas incoerências e contradições internas. Elas podem nos assustar quando nos sentimos incapazes de segui-lo com mais intensidade, assim como nos inquietam quando pedem renúncia de nosso próprio ego. São palavras que falam de seguimento e de radicalidade, de paixão e de entrega, de morte e de Vida. Palavras inspiradoras e, ao mesmo tempo, provocativas, pois nos arrancam de uma vida estreita e petrificada. Palavras que despertam o melhor que há em nosso interior, humanizando-nos e humanizando nossas relações. Palavras que fazem brotar uma "palavra nova e original" de nosso ser profundo, revelando nossa verdadeira identidade. Por isso, as palavras nobres de Jesus não podem ser domesticadas nem manipuladas segundo os nossos interesses.
- O Evangelho de hoje pode ser uma estupenda ocasião para esquecer velhas palavras desgastadas pelo uso, pronunciadas para afirmar nosso ego ou para conseguir aprovações alheias. A essas, devemos substituir por palavras essenciais, nascidas do espírito, que saem do coração e se dirigem ao coração dos outros. É no encontro com as palavras de Jesus que temos a chance de recuperar a força e o sentido de nossas palavras, de torná-las oblativas, abertas e portadoras de vida. Em suma, "palavras cristificadas", pois revelam a força da cura, do cuidado, da bênção, do perdão.
- A palavra é o meio divino para o encontro com todo o humano, e é sinal humano para acariciar e sonhar o divino. A palavra é lugar de encontro, de compromisso, de descanso, de ajuda, de luta, de consolo e de silêncio. Na palavra podemos chegar a ser tudo o que somos, ou podemos nos evaporar como fumaça.
- É melhor falar com palavras que estendem pontes, encurtam distâncias e entrelaçam vidas, falar a partir do carinho, da ternura e do amor, aprendendo a reconhecer tanta bondade ao nosso entorno,

pois com as palavras podemos sacudir as consciências, animar, levantar, entusiasmar, despertar desejos de arriscar-nos a viver a fundo. Com elas também podemos desanimar, atrofiar, destruir, seduzir para fazer da vida um acontecimento trivial e sem sentido, e nesse caso é melhor calar, calar aquilo que levanta muros e gera desconfiança e fraturas, calar o que envenena os sonhos e atrofia as vidas.

- Podemos utilizar a palavra para reconhecer e transmitir o que de verdade sentimos ou pensamos, ou então enganar-nos a nós mesmos e aos nossos interlocutores. A diferença radical está no fato de que com a boa palavra podemos cuidar, acariciar, conhecer, irradiar consolo ou amor, ser artífices de paz e sossego etc., e com a má gerar ódios, rancor, alimentar preconceitos e julgamentos, provocar invejas, trair, dividir.

Leia atentamente o Evangelho deste dia, deixando-se impactar pela palavra forte de Jesus. É preciso unir Palavra e silêncio, para que cheguem ao mais profundo de seu núcleo essencial, sempre insondável, buscando a Fonte que dimana abundância e emerge à superfície, cantarolante e fecunda.

Cave palavras nas minas do seu silêncio, palavras carregadas de sentido e de ânimo. Busque o silêncio para poder dialogar com seu eu profundo, para ver o que há por detrás de suas palavras, de seus sentimentos, de suas intenções; silêncio para tentar ir ao coração de sua verdade. Pois somente no silêncio poderão germinar as palavras portadoras de vida.

Em que a Palavra de Jesus lhe inquieta, sacode e provoca? As palavras pronunciadas ao longo do meu dia estão carregadas de vida, de espírito, ou são palavras ácidas, carregadas de críticas, de bajulações?

Converse com o Senhor, fonte da palavra verdadeira; expresse em palavras o que seu coração sente. Avalie sua oração e registre no caderno de vida os sentimentos predominantes.

Sexta-feira da 5ª Semana da Quaresma: 11 de abril

"Procuraram prendê-lo, mas ele se livrou de suas mãos" (Jo 10,39)

Jr 20,10-13 | Sl 17(18),2-3a.3bc-4.5-6.7 (R. cf. 7) | Jo 10,31-42

EVANGELHO DE JESUS CRISTO SEGUNDO SÃO JOÃO 10,31-42

Estamos às portas das celebrações do Mistério Pascal. A liturgia destaca a intensidade dos conflitos provocados pelas autoridades religiosas do tempo de Jesus, petrificadas em seu desejo de defender e manter seu templo, seus ritos e leis, suas dignidades e privilégios, seus poderes sobre o povo. De fato, um coração petrificado se expressa numa atitude de intolerância e insensibilidade ante os outros.

Quem tem o coração petrificado não tem bênçãos a oferecer, mas pedras a serem atiradas.

Vivemos um contexto social e religioso de muitos "corações de pedra", intransigentes, cheios de ressentimentos e juízos implacáveis, corações fechados em jaulas de "pré-juizos" e de suspeitas, que acabam envenenando as relações e rompendo os laços humanos. É preciso cuidar da "ecologia interior" se queremos que nossa vida flua com mais leveza e ternura.

Para viver a oração:

Para ter um coração semelhante ao coração terno de Jesus, é preciso mobilizar todo o seu ser, colocando-se numa atitude de escuta amorosa. Lembre-se das adições e dos preâmbulos como condição para aquecer o ambiente interno e facilitar uma intimidade com o Senhor.

Deixe que as indicações abaixo reacendam o desejo de viver em profunda companhia com aquele que tem o coração manso e compassivo.

- Segundo a tradição bíblica, o que mais nos desumaniza é viver com um "coração fechado" e endurecido, um "coração de pedra", incapaz de amar e de crer. Quem vive "fechado em si mesmo" não pode acolher o Espírito de Deus, não pode deixar-se guiar pelo Espírito de Jesus.
- Normalmente, a petrificação interior é sempre recheada de devocionismos externos, repetitivos, de moralismos estéreis. O legalismo intransigente e inflexível desemboca no orgulho e na vaidade, levando a pessoa a assumir o lugar de Deus, fazendo-se juiz dos outros.
- Quando nosso coração está "fechado", nossos olhos não veem, nossos ouvidos não ouvem, nossos braços e pés se atrofiam e não se movimentam em direção ao outro; vivemos voltados sobre nós mesmos, insensíveis à admiração e à ação de graças.
- Quando nosso coração está "fechado", em nossa vida não há mais compaixão e passamos a viver indiferentes à violência e injustiça que destroem a felicidade de tantas pessoas. Vivemos separados da vida, desconectados. Uma fronteira invisível nos separa do Espírito de Deus, que tudo dinamiza e inspira. Assim, é impossível sentir a vida como Jesus sentia.
- Quando vivemos a partir do coração, escutamos com mais paciência, olhamos com cumplicidade, tocamos com ternura, sofremos com fortaleza, assumimos o risco com naturalidade, misturamos nossa vida com a dos outros e avançamos em comunidade realizando projetos solidários. Quando vivemos a partir do coração, tornamo-nos mais sensíveis diante da tragédia da destruição da Casa Comum e nos despertamos para sermos presenças cuidadoras da vida.

Abra seu coração para deixar-se inspirar pela liberdade de Jesus: leia atentamente o Evangelho deste dia. Diante da Nova Vida que Jesus propõe, tome consciência da rigidez, fechamento, petrificação etc. em seu interior.

Lembre-se que também hoje a "religião" se tornou um dos motivos de maior divisão entre as pessoas; muitos manipulam a religião para controlar as consciências; existem muitas pedras nas mãos para serem descarregadas sobre aqueles que pensam, sentem e amam de maneira diferente.

Converse com o Senhor sobre esta triste realidade. Examine sua oração e registre os sentimentos predominantes.

Sábado da 5ª Semana da Quaresma: 12 de abril

Repetição inaciana:

Repetir é "re-visitar". Com o coração agradecido, revisite a experiência vivida desta Quinta Semana quaresmal; ative a memória para trazer à tona o que foi mais denso, intenso; recorde a passagem de Deus e a "mensagem" que ele escreveu em seu coração: sentimentos elevados, pensamentos nobres, desejos profundos, inspirações, apelos.

Retome seu caderno de vida e destaque aquilo que foi mais inspirador e que vai ter ressonância na sua vida.

Numa atitude orante, deixe-se conduzir pelo mesmo Espírito que o(a) conduziu durante a semana. Não esqueça das "adições" e dos "preâmbulos". Alimente um profundo desejo de caminhar com Jesus até o fim; mobilize todo o seu ser para viver com mais intensidade a Semana Santa que está à frente.

Todo o percurso vivido até agora significou uma longa preparação para viver e celebrar os Mistérios Pascais: Paixão-Morte-Ressurreição de Jesus.

Abençoada e inspirada Semana Santa!

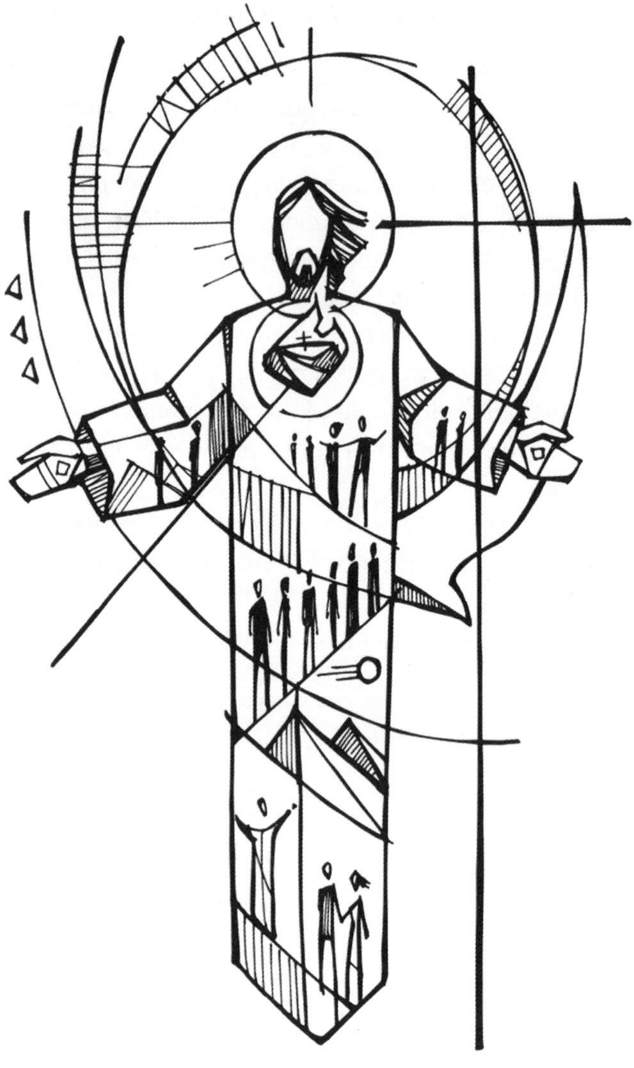

SEMANA SANTA

Pe. Adroaldo Palaoro, SJ

Introdução

Depois de uma longa caminhada quaresmal, chegamos à Semana Santa, na qual celebramos os mistérios da Paixão, Morte e Ressurreição de Jesus, ou seja, os acontecimentos centrais de nossa fé cristã. O toque principal é dado pela Páscoa: a "passagem" da morte à Vida.

Jesus, que tinha realizado sua missão nas periferias da Galileia, junto aos mais pobres e excluídos, sonhava em levar a Boa-nova do Reino à cidade de Jerusalém. Entra nesta cidade aclamado pelo povo simples.

Assim, o percurso quaresmal desemboca na cidade e nos convida a examinar nossa presença cristã nos espaços urbanos: como torná-los mais humanos, acolhedores e possibilitadores da vida?

A Campanha da Fraternidade pede a todos nós, seguidores(as) de Jesus, uma atitude ecológica abrangente, portanto, também nos grandes centros urbanos, através de uma "incidência política"; cada vez mais nossas cidades se revelam irrespiráveis, contaminadas, com diferentes expressões de muros que alimentam conflitos e divisões; é preciso criar "oásis de humanidade", onde todos possam se sentir em casa.

Ao longo desta Semana Santa, as contemplações dos "mistérios da Paixão" acontecem numa atmosfera de grande intimidade, silêncio e compaixão. A contemplação vem a ser como um "acompanhar" Jesus em sua fidelidade à causa do Reino; o orante não pode permanecer reduzido a um simples espectador, mas deve "entrar" no caminho de Jesus, ser solidário com ele e com os sofredores da história.

Pedido de graça da semana:

Senhor, dá-nos fidelidade à vida até o fim, para que possamos saborear a ressurreição da Criação inteira.

Domingo de Ramos da Paixão do Senhor: 13 de abril

“Jerusalém, Jerusalém!” (Lc 13,34)

Is 50,4-7 | Sl 21(22),8-9.17-18a.19-20.23-24 (R. 2a) |
Fl 2,6-11 | Lc 22,14-23,56

EVANGELHO DE JESUS CRISTO SEGUNDO SÃO LUCAS 22,14–23,56

Com a sua entrada em Jerusalém, Jesus quis recuperar a cidade como lugar do encontro e da comunhão, como espaço da paz e da solidariedade, desalojando aqueles que se fechavam a qualquer tentativa de mudança. Por isso, seu gesto provocativo e escandaloso de entrar na cidade montado num jumentinho, símbolo da simplicidade e do despojamento de qualquer pretensão de poder e força, causou violenta reação naqueles que se beneficiavam da estrutura política e religiosa da cidade.

Jesus quis continuar anunciando e realizando na cidade de Jerusalém aquilo que fizera na região excluída da Galileia, quis também humanizar esta cidade para que ela fosse sol de justiça e paz para todos os povos.

“Entrar em Jerusalém” com Jesus é comprometer-nos com uma cidade mais humana e humanizadora; a cidade que sonhamos e que queremos: a Cidade Nova. O(a) seguidor(a) de Jesus tem em quem se inspirar.

Para viver a oração:

Para viver com mais intensidade este “Dia de Ramos”, entre em oração ativando todas as dimensões do seu ser (corpo-mente-afetividade-coração).

Tenha sempre presente a importância dos preâmbulos, ou seja, recordar a história a ser contemplada, preparar a composição do lugar da cidade de Jerusalém, fazer a petição da graça desta semana.

Leia os "pontos" abaixo para ajudar na contemplação:

- As pessoas e os povos de todos os tempos e lugares trazem, como que enraizados nas fendas mais profundas de sua alma, sonhos de rara beleza. São desejos de construção de uma nova Jerusalém, a cidade humanizada, ou seja, espaço de acolhida, de convivência, de proteção e cuidado da vida, de fraternidade... Era certamente nessa direção que Jesus apontava ao se dirigir a Jerusalém como a cidade das esperanças e possibilidades.
- Este é um dos grandes desafios na grande Cidade. Romper com o individualismo e o poder que marcam as relações entre os homens e as mulheres a fim de criar um marco novo, humanizador e aberto a Deus Pai, através de pequenas comunidades daqueles que confessam o seu amor comum pelas mesmas coisas – as mesmas esperanças, os mesmos sonhos, a mesma utopia da "Cidade Nova" do Reino.
- Esta Cidade Nova deve estar circundada por Novos Céus e Nova Terra, assentada no centro de uma Nova Criação; portanto, em equilíbrio e beleza ecológica visível, integrada neste horizonte mais amplo da Nova Criação, que é a manifestação da chegada de toda a realidade à sua plenitude. Todas as expressões de vida devem estar interligadas e ser interdependentes, constituindo uma ecologia integral, perpassada pelo mesmo Sopro do Espírito.
- O mundo urbano é, certamente, área de missão da Igreja e dos cristãos. Sua principal preocupação é a defesa integral da vida e de seu sentido último, o mundo dos valores éticos que iluminam o homem e a mulher na sua ação no mundo.
- No meio das cidades encontramos homens e mulheres "especiais", que se comprometem alegremente com a humanização dos espaços e se convertem assim em fator essencial de esperança para um futuro novo. Essas são pessoas que "gastam sua vida", sua acolhida e seus cuidados em favor das vítimas da violência e da destruição.
- A cidade é uma realidade humana que pode e deve ser iluminada pelo Evangelho, sustentada pela graça, animada pela esperança da

vinda do Reino. É necessário aprender a ler a cidade com olhos caridosos, pacientes, misericordiosos, amigos, fecundos, cordiais...

- Para o(a) seguidor(a), a cidade é também o espaço para a busca e o encontro de Deus. Podemos falar de um "típico modo de proceder cristão" em sua referência ao espaço urbano. É Deus que constrói a cidade perene, a cidade sem muralhas, a cidade da plenitude e da amizade, a cidade da fraternidade na qual todos se reconheçam como irmãos e irmãs sob um único Nome e sob um único Céu. Deus é o grande arquiteto; é ele quem constrói, para a humanidade, a imensa cidade na qual todos se reconhecem fraternos, próximos, ternos.
- É nessa direção que somos chamados a ser colaboradores para "pôr o coração de Deus no coração da grande cidade", e renová-la a partir de dentro.

Leia atentamente o Evangelho indicado para a procissão de ramos; prepare-se para fazer uma contemplação. Com a imaginação recrie o cenário evangélico: a cidade de Jerusalém, o grande Templo, a diversidade de pessoas... Com a chegada de Jesus, montado em um burrinho à vista de uma grande multidão, faça-se presente, procurando olhar as pessoas, escutar o que dizem, observar o que fazem...

Faça um colóquio com Jesus, expressando sua admiração pela atitude ousada e corajosa dele. Fale com ele sobre sua presença na cidade onde mora: o desejo de ser presença inspiradora, profética, de compromisso com a construção de relações humanizadoras. Traga à memória o que é mais desumano na sua cidade: como você reage diante disso? É passivo? suporta? denuncia? age?

Procure descobrir "sinais do Reino de Deus" no meio do ritmo frenético de sua cidade. Traga à mente nomes de pessoas corajosas e criativas que contagiam e fazem crescer a esperança na sua cidade.

Entre em diálogo profundo com o Senhor no percurso de entrada na Cidade Santa. Registre os sentimentos mais nobres e as inspirações que foram brotando do seu caminho com Jesus.

Segunda-feira da Semana Santa: 14 de abril

"Maria ungiu os pés de Jesus" (Jo 12,3)

Is 42,1-7 | Sl 26(27),1.2.3.13-14 (R. 1a) | Jo 12,1-11

EVANGELHO DE JESUS CRISTO SEGUNDO SÃO JOÃO 12,1-11

Estamos na Semana Santa, a semana da Páscoa de Jesus, da sua passagem deste mundo para o Pai (Jo 13,1). A liturgia de hoje coloca diante de nós o início do capítulo 12 do Evangelho de João, que faz a ligação entre o Livro dos Sinais (capítulos 1–11) e o Livro da Glorificação (capítulos 13–21).

Somos convidados a entrar na casa em Betânia: casa de encontro, comunidade de amor e coração de humanidade:

- Com Jesus Mestre, para nos tornar mais humanos e próximos;
- Com Marta, para professar a fé e servir na diaconia;
- Com Lázaro, para passar da morte à vida e caminhar na liberdade do Espírito;
- Com Maria, para quebrar os frascos e derramar o perfume da escuta e do amor.

Assim é a vida: amizade, gratidão, refeição, perfume que invade tudo.

Para viver a oração:

Para "entrar" em contemplação é preciso, antes de tudo, preparar-se interiormente; assim, tenha presente as adições, isto é, o lugar, a posição corporal, o fazer-se presente diante do Deus presente; também é decisivo fazer uso dos preâmbulos, portanto, recordar a história da refeição em Betânia, compor o lugar e, enfim, pedir a graça.

Leia as indicações abaixo como sugestões para aquecer seu coração e saborear o encontro com as pessoas em Betânia, sobretudo com Jesus.

- A palavra *Betânia* significa "casa dos pobres" (*Beth-anawim*): nela, em primeiro lugar, habitam nossas pobrezas pessoais e comunitárias, nossa pequenez abençoada e nossa fragilidade iluminada; mas também as pobrezas de nosso mundo, da humanidade e da Criação inteira têm lugar, e tocam nosso estilo de viver, de nos relacionar, de nos confrontar em nosso seguimento de Jesus.
- Somos convidados a entrar na casa em Betânia, a casa de encontro, comunidade de amor e coração de humanidade, com Jesus Mestre, com Marta, Lázaro e Maria, aquela que quebra o frasco e derrama o perfume nos pés de Jesus. A casa é o lugar da nova comunidade inaugurada por Jesus: é a casa do Pai (Jo 14,2).
- Na unção em Betânia, Maria pode ser considerada ícone da nova sensibilidade que o Evangelho nos oferece. Ela é dotada de uma sensibilidade muito superior à dos discípulos, tanto para perceber o que acontece como para expressar seus sentimentos com admirável fineza e liberdade.
- Os dirigentes judeus andavam buscando uma ocasião para matar Jesus, e Maria certamente havia escutado os rumores que chegavam da vizinha Jerusalém e circulavam em voz baixa entre as pessoas do povo. Ela percebeu este momento dramático. Sua criatividade feminina encontrou no perfume um símbolo para expressar com grande delicadeza o que nesse momento transbordava o seu coração. Maria investiu num gesto gratuito e desmedido, expressão de um amor exagerado.
- O excesso de seu gesto une-se perfeitamente ao amor sem medida de Jesus, mas ultrapassa a limitada capacidade de compreensão dos presentes à mesa, sobretudo a de Judas Iscariotes.
- Os perfumes e os aromas estiveram muito presentes na vida de Jesus, em seus momentos de dor e de prazer. O perfume revela e oculta

ao mesmo tempo, aviva o desejo, a abertura à surpresa de uma presença. Jesus os recebeu agradecido, e sua própria vida tomou o símbolo do frasco, precioso e caro, que se quebra para poder derramar-se em favor de muitos.

- Quando a Vida nos unge, estamos potencialmente equipados para anunciar a boa-nova, a luz, a cura, o cuidado. Ações que nos plenificam.

Leia, com calma, o relato do Evangelho deste dia. Com a imaginação, faça-se presente à cena, deixando-se impactar pelos gestos oblativos, carregados de ternura e que fluem entre os personagens da cena.

Olhe, escute e observe cada um dos personagens, Jesus, Lázaro, Marta e Maria; cada um deles se expressa de modo muito humano e original. É um ambiente de uma refeição alegre, junto a uma mesa, numa casa.

Como prolongar a "casa em Betânia" em sua própria casa? Alimente uma profunda gratidão por ter o privilégio de participar desta refeição.

Faça um colóquio com Jesus, que, apesar de o ambiente exterior estar carregado, encontra alívio e descanso nesta casa de amigos e amigas. Registre em seu caderno os sentimentos, pensamentos e desejos que foram surgindo na sua oração.

Terça-feira da Semana Santa: 15 de abril

"Um de vós há de me trair... Já era noite" (Jo 13,21)

Is 49,1-6 | Sl 70(71),1-2.3-4a.5-6ab.15.17 (R. 15) | Jo 13,21-33.36-38

EVANGELHO DE JESUS CRISTO SEGUNDO SÃO JOÃO 13,21-33.36-38

A ceia de Betânia foi rica em símbolos de amor, de amizade, de festa – um esbanjamento de humanidade. A ceia de hoje, em Jerusalém, é marcada por uma comoção profunda: Jesus se vê traído, vendido, enganado e abandonado por aqueles que lhe juraram fidelidade e amizade profunda.

Jesus está celebrando a última ceia com os seus discípulos; tinha acabado de lavar os pés deles e de ter falado do dever que temos de lavar os pés uns dos outros. Judas já tinha tomado a trágica decisão, e depois de tomar o último pedaço de pão das mãos de Jesus saiu para cumprir sua traição.

Para viver a oração:

Busque criar um ambiente propício para a oração deste dia: prepare o espaço externo, a atitude interna e o silêncio para viver mais intensamente os "momentos finais" da vida de Jesus.

Faça a oração preparatória de entrega, a composição do lugar, que é a cena da última Ceia, e peça a Deus a graça de participar dos sentimentos de Jesus às vésperas de sua morte.

Leia as indicações abaixo como ajuda para entrar em contemplação:

- Na contemplação da Última Ceia, um personagem vem sempre à nossa lembrança: Judas Iscariotes. Reagimos negativamente à sua traição a Jesus, mas no fundo o que nos causa repulsa é que ele seja a projeção das nossas infidelidades e traições. Judas é o espelho no qual nos vemos. Mas, o que vem a ser a traição? Como ela se manifesta na nossa vida? Por que traímos a confiança do outro?
- Judas ficou decepcionado com o chamado de Jesus, pois tinha outros interesses e não conseguiu entrar em sintonia com o coração e o projeto de Jesus. Ele destoa porque não captou que ao redor de Jesus tudo é gratidão e gratuidade.
- Judas aparece nos três relatos evangélicos destes dias – de segunda a quarta-feira –, não como protagonista, mas como alguém deslocado, frio e insensível diante do drama que Jesus está vivendo. É ele mesmo, aliás, quem alimenta ainda mais o drama da dor e da perseguição imposta a Jesus.
- Os evangelistas não davam muita importância à figura de Judas. Na realidade, sentiam-se incomodados com ele e não aceitavam suas posturas e suas atitudes. No entanto, dada a importância do tema da traição, é Jesus quem intervém diretamente e "des-vela" as questões espinhosas que este discípulo carregava em seu coração.
- Há coisas que estão muito além do dinheiro, como a delicadeza com as pessoas, os gestos de ternura e compaixão, o cuidado com os mais necessitados, o espírito gratuito de serviço etc. A vida da comunidade cristã deve estar fundamentada nas atitudes oblativas, não nas conveniências do próprio "amor, querer e interesse".
- Na Última Ceia, que Jesus mesmo preparara com tanto cuidado, Judas só está fisicamente presente no ritual, mas seu coração está ausente, não consegue entrar no clima da refeição. Ele tem outras coisas para fazer e desaparece na noite, sem inteirar-se do sentido deste momento. Na verdade, ele está "vendido" a outros poderes;

recebe promessas "de fora", mas não se sente bem dentro da comunidade. Chegar à traição é só um passo.

Com a imaginação, entre na cena da última refeição de Jesus com seus discípulos. Procure olhar, escutar e observar o clima deste momento; sinta o coração de Jesus impactado pela traição de um discípulo seu.

Faça memória de traições vividas ou provocadas por você.

Faça um colóquio expressando seus sentimentos mais profundos diante da dor da traição vivida por Jesus. Termine sua oração examinando-a e dando nomes aos seus sentimentos. Registre-os.

Quarta-feira da Semana Santa: 16 de abril

"Chegada a tarde, Jesus se pôs à mesa em companhia dos Doze" (Mt 26,20)

Is 50,4-9a | Sl 68(69),8-10.21bcd-22.31 e 33-34 (R. 14cb) | Mt 26,14-25

EVANGELHO DE JESUS CRISTO SEGUNDO SÃO MATEUS 26,14-25

Jesus fez questão de se confraternizar com um círculo dos amigos, do qual Judas fazia parte. Estando todos reunidos pela última vez, Jesus anuncia quem é o traidor. É "o que acabou de colocar a mão comigo no prato" (Mt 26,23). Esta maneira de anunciar a traição acentua o contraste. Para os judeus, a comunhão de mesa, o colocar juntos a mão no mesmo prato, era a expressão máxima da amizade, da intimidade e da confiança. Mateus sugere assim que, apesar da traição ser feita por alguém muito amigo, o amor de Jesus é maior que a traição!

Na descrição da paixão de Jesus do Evangelho de Mateus acentua-se fortemente o fracasso dos discípulos. Apesar da convivência de três anos, nenhum deles ficou para tomar a defesa de Jesus. Judas traiu, Pedro negou, todos fugiram. Mateus conta isto, não para criticar ou condenar, nem para provocar desânimo nos leitores, mas para ressaltar que o acolhimento e o amor de Jesus superam a derrota e o fracasso dos discípulos!

Para viver a oração:

Prepare-se para viver este momento denso da Última Ceia. Para tal propósito, disponibilize todo o seu ser, seus sentidos, sua razão, sua afetividade, enfim, seu coração, para "sentir e saborear" este Mistério.

Não esqueça dos preâmbulos: recordar a história da Última Ceia, fazer a composição do lugar, suplicar a graça indicada para esta semana.

Leia os "pontos para a oração": isso pode ajudar a aquecer o coração para viver mais intimamente o encontro com o Senhor que está às portas de sua Paixão; e permita que as considerações abaixo lhe ajudem a se sentir solidário(a) com Jesus, que, apesar das traições, mantém sua fidelidade ao sonho do Reino.

- Mais uma vez, a liturgia nos convida a "fazer memória" desta Ceia tão especial. Jesus havia transitado por muitas refeições, participado de muitas mesas, especialmente com os pobres e pecadores, e agora nos deixa uma "mesa" como marca dos seus seguidores. Mesa da partilha e da inclusão, mesa da festa e da comunhão.
- É em torno desta mesa que os seguidores de Jesus se constituem como verdadeira comunidade. Ao recordar a vida, a paixão, a morte e a ressurreição de Jesus, os cristãos se comprometem a prolongar os seus gestos, atitudes, valores, compromissos. "Fazer memória" de Jesus junto à mesa é comprometer-se com a vida; é colocar a própria vida a serviço da vida.
- Jesus quer cear com os seus amigos e por isso precisam encontrar uma sala na qual haja espaço para estarem juntos. O ritual pascal dá lugar aos gestos simples entre amigos: o partilhar do pão, o beber da mesma taça, o desfrutar da mútua intimidade, o entrar no clima das confidências.
- Jesus sempre buscou companhia: havia nele uma necessidade irresistível de contar com os seus como amigos e confidentes. Sua relação com eles vinha de longe: passavam longo tempo caminhando, descansando e tomando refeições juntos, partilhando alegrias e rejeições, falando das coisas do Reino. E Jesus continuará considerando-os amigos, mesmo quando um deles o trair e os outros fugirem.
- Preparar a mesa e fazer a refeição é todo um ritual. Comer é mais do que ingerir alimentos, é entrar em comunhão com as energias que sustentam o universo, é garantia de vida.
- Por isso, a mesa, a ceia e o banquete são cercados por uma rica simbologia. O próprio Reino de Deus, a utopia de Jesus, é apresentado como uma ceia ou um banquete na casa do Pai

- É junto à mesa que se dá o processo de humanização e comunhão; a partir desse ato sagrado, podemos olhar o outro mais de perto, escutá-lo mais de perto, senti-lo mais de perto... pois "a comida, o alimento de nossas refeições, não é somente o que aparenta, mas, remete a algo que está atrás de si, para além de si. Portanto, o gesto de sentar-se à mesa para comer revela um tipo de relação social de um determinado grupo humano" (Manuel Díaz Mateos).
- É assim a comunidade dos cristãos, a Igreja: juntos, "conspirando", de mãos dadas, comendo do pão, bebendo do vinho e sentindo uma saudade e uma esperança sem fim.

Leia atentamente o relato do Evangelho indicado para hoje. Prepare-se para a contemplação: com a imaginação, faça-se presente à cena, indo com os discípulos para preparar o ambiente da Última Ceia.

Procure ativar todos os sentidos: olhe as pessoas da cena, escute o que elas dizem, observe o que fazem, saboreie o pão e o vinho dados a você por Jesus. Participe, com alegria, deste evento único; deixe-se afetar por tudo o que acontece durante a refeição. Reserve um momento de colóquio com Jesus, expressando a ele seus sentimentos.

Faça um colóquio com o Senhor: converse com ele sobre os sentimentos contraditórios que nascem da fidelidade dele e da traição de Judas.

Termine a oração dando graças a Deus por este momento tão intenso. Escreva no caderno de vida os apelos, as luzes e as inspirações que brotaram da oração.

Quinta-feira da Semana Santa: 17 de abril – Ceia do Senhor

"Amou-os até o fim" (Jo 13,1)

Ex 12,1-8.11-14 | Sl 115(116B),12-13.15-16bc.17-18 (R. cf. 1Cor 10,16) | 1Cor 11,23-26 | Jo 13,1-15

EVANGELHO DE JESUS CRISTO SEGUNDO SÃO JOÃO 13,1-15

Durante sua vida pública, Jesus revelou uma grande liberdade ao transitar por diferentes mesas, mesas escandalosas, que o faziam próximo dos pecadores, pobres e excluídos. Ele não só transitou por muitas mesas, mas instituiu a grande Mesa para a festa, a intimidade, a memória: a "mesa do Lava-pés e da Última Ceia". Nela, despoja-se do manto, sinal de dignidade do "senhorio", e pega o avental, a toalha era "ferramenta" do servo. Jesus está no meio das pessoas como aquele que serve.

"Despojar-se do manto" significa "dar a vida" sob a forma de serviço, e Jesus coloca toda a sua pessoa aos pés dos seus discípulos. O Criador põe-se aos pés da criatura para revelar como é amada e como deve amar.

Para viver a oração:

Mobilize todo o seu ser para deixar-se impactar pelos gestos de Jesus no Lava-pés, gesto central na vida de quem o seguia.

Lembre-se sempre dos preâmbulos para aquecer o coração e "entrar" na cena evangélica de maneira gratuita, recorde a história do relato, faça a composição do lugar e a petição da graça.

Na descrição abaixo encontramos os gestos de esvaziamento de Jesus como servidor:

- "Levantou-se da mesa" (Jo 13,4): gesto que nos revela que não se pode servir permanecendo no comodismo. O gesto de levantar denota que há algo por ser feito.
- "Ficou de pé": uma posição que expressa prontidão para servir; para isso é preciso deslocar-se do próprio "lugar" e descer até o "lugar" do outro. É desinstalar-se do próprio bem-estar, é dinamismo. "Estar à mesa" é sempre sinal de fraternidade, de comunhão, mas é necessário saber levantar-se na hora certa para poder servir com amor.
- "Tirou o manto": ele mesmo se despoja. Abrir mão do manto é uma iniciativa livre e soberana, que nasce de seu próprio interior. O manto impede a liberdade de movimentos, não permite fazer o serviço com facilidade. Há "mantos" que são sinais de poder.
- O Senhor assume, em tudo, a condição de servo. Para servir, troca o manto pela toalha-avental: este parece ser o distintivo fundamental, o divisor de águas para seus seguidores. Não há serviço sem se despir de todas as aparências de poder, de força, de prestígio.
- "Colocou água numa bacia" (Jo 13,5): Jesus assume os preparativos, não faz trabalho pela metade. A água derramada não é feita com violência, nem com força, mas com extrema delicadeza, com atenção e amor.
- "e começou a lavar os pés dos discípulos e a enxugá-los com a toalha": Jesus inclina-se aos pés dos seus discípulos, até o chão, com reverência, cuidado, acolhida, sem fazer distinção de ninguém. Lava os pés de todos igualmente.
- "Depois... voltou à mesa": Jesus volta ao lugar em que estava antes, mas volta diferente. Ele repõe o manto, mas não depõe a toalha-avental. Ele assume e viabiliza uma nova realidade que caracteriza o novo modo de ser, que é próprio dos cristãos.
- Tal Cristo, tal cristão: na vivência do serviço evangélico, somos chamados a vestir o "avental de Jesus", a "vestir o coração" com o avental da simplicidade, da ternura acolhedora, da escuta comprometida, da presença atenciosa, do serviço desinteressado. É preciso

compreender que o gesto do "lava-pés" constitui um dos gestos mais expressivos da missão e da identidade daqueles que seguem Jesus e exercem algum serviço em sua comunidade. Gesto que é revelação e ensinamento, amor e mandamento. É gesto-vida, gesto-horizonte, gesto-luz.

- O Lava-pés não é um teatro, mas o modo habitual de proceder e de estar no mundo. "Levantar-nos da mesa" e "sentar-nos à mesa" são movimentos de partida e de chegada, são prolongamento do gesto provocativo e escandaloso de Jesus.

Com a imaginação, faça-se e sinta-se presente na sala da Última Ceia, como um "humilde servidor": observe o ambiente preparado, a disposição da mesa, o jarro e a bacia para o lava-pés, os pães ázimos, as ervas amargas, o vinho.

Centre sua atenção na chegada de Jesus e de seus discípulos. Observe as feições de cada um deles, tomando lugar à mesa, procure escutar o que estão dizendo, a meia distância, observe a seriedade do momento, escute as palavras de Jesus ao tomar o pão e o vinho.

Reserve um momento para uma conversa profunda com Jesus; expresse seus sentimentos despertados neste último momento com seus discípulos.

Faça um exame da sua oração, dando especial atenção aos sentimentos: paz, alegria, aridez, tristeza, luz, secura etc., que expressam consolação ou desolação. Registre no seu caderno de vida as moções experimentadas na oração.

Sexta-feira da Semana Santa: 18 de abril – Paixão do Senhor

"Tudo está consumado!" (Jo 19,30)

Is 52,13-53,12 | Sl 30(31),2.6.12-13.15-16.17.25 (R. Lc 23,46) | Hb 4,14-16;5,7-9 | Jo 18,1-19,42

EVANGELHO DE JESUS CRISTO SEGUNDO SÃO JOÃO 18,1–19,42

O mistério Pascal, ou seja, a morte e ressurreição de Jesus de Nazaré e a efusão do Espírito sobre toda a Criação, constitui o núcleo central da fé cristã.

Este mistério pascal se estende também a todo o povo crucificado, ou seja, a esta grande maioria da humanidade que vive explorada e marginalizada, vítima dos interesses de uma minoria. Por isso, crer no Crucificado implica descer da Cruz todos os que estão dependurados nela.

Mas a imagem da crucifixão se aplica também à situação de nossa Terra, explorada, desertificada, contaminada, com a biodiversidade destruída e os oceanos transformados em cemitérios.

Por sua atitude de arrogância e de autossuficiência, o ser humano explorou exaustivamente a Terra herdada e a destruiu, depredou, aniquilou, tomou posse dela. Assim, não foi respeitoso para com o Criador que a ele reservou a missão de cuidar do seu jardim e de compartilhar os seus frutos.

Há um clamor generalizado que emerge da realidade desafiante enfrentada pela humanidade: o planeta Terra está gravemente enfermo. As consequências trágicas estão presentes por toda parte: degradação do meio ambiente, diminuição acelerada das fontes de água potável, desertificação, degelo das calotas polares com a consequente elevação do nível do mar, grande incidência de furacões e de queimadas, extinção de milhares de espécies de animais, escassez de alimento, proliferação de doenças, migrações forçadas. Enfim, o desequilíbrio dos ecossistemas pode comprometer, de forma irreversível, todas as formas de vida sobre a terra. Estamos diante da "Terra crucificada".

Para viver a oração:

A oração de hoje é profundamente silenciosa: trata-se de acompanhar Jesus no seu caminho em direção ao Gólgota e à sua morte na Cruz.

Silencie o corpo, a mente e o coração através dos "preâmbulos": oração preparatória, composição do lugar, petição da graça. Antes de "fazer o caminho" com Jesus até a Cruz, leia as indicações abaixo, como motivação para a experiência:

- A Criação é também lugar do padecido, da vulnerabilidade afetada, da beleza ferida. A utilização desordenada dos recursos da natureza faz sofrer tanto ao ser humano como à própria natureza, conclamando, portanto, à solidariedade, à partilha, à compaixão, à reconciliação na sua dimensão maior.
- Perguntaram ao monge zen Thich Nhat Hanh o que é preciso fazer para salvar o mundo, e ele respondeu: "O que precisamos é, antes de tudo, escutar em nosso interior o grito da Terra". Como cristãos, este grito deve ser entendido como o grito de Jesus na Cruz, que condensa todos os gritos da humanidade explorada e da natureza espoliada. Na Paixão, buscamos experimentar, com Jesus, o sofrimento da Terra. Experimentamos Jesus sofrendo nas regiões marcadas pela seca, na terra cheia de cicatrizes pelas explorações do solo e das florestas, na contaminação do ar e da água.
- E aqui já não podemos repetir as palavras de Jesus na cruz "eles não sabem o que fazem" (Lc 23,34): todos somos conscientes de que a atitude prepotente e dominadora em nome do progresso e do consumismo causa danos irreversíveis à Terra. A terra geme em dores de parto, um parto que hoje se revela abortivo.

- Diante do madeiro da Cruz, sentimo-nos aniquilados pela agonia que Jesus suporta silenciosamente enquanto destruímos bosques e poluímos rios e mares junto com a imensa quantidade de comunidades de criaturas que há neles. Com a imaginação, permaneçamos junto à Cruz, cheios de aflição e amor por tudo aquilo que ele está suportando por nós e por todas as criaturas. Vejamos como esta Vida pura, inocente, está se desfazendo na Cruz, diante de nós. Esta Vida que assumiu a matéria para poder estar entre suas amadas criaturas. Estamos sobressaltados diante deste mistério: Jesus assume livremente dar a sua vida para plenificar a vida de todos os seres criados.
- Nos evangelhos, a Paixão de Jesus não é uma simples sequência de fatos, mas um confronto entre pessoas. Os diversos personagens entram em contato direto com Jesus, reagindo cada um a seu modo, vivendo cada qual o mistério do próprio chamado e da própria tomada de posição frente a proposta de Jesus.
- Contemplar toda a galeria de pessoas que se encontra com Jesus, cada qual com uma resposta diferente, é estar diante de Jesus, sempre igual em sua atitude de disponibilidade e de entrega. Por isso os evangelistas dão um destaque especial à presença das mulheres no caminho da Cruz, solidárias com aquele que era vítima da indiferença cruel. Os relatos de Mateus, Marcos e Lucas coincidem em indicar que as mulheres "contemplavam a cena de longe"; João, "que vê por dentro", coloca-as junto à cruz.

Leia o texto bíblico indicado para este dia. Como as mulheres discípulas, alimente sua presença silenciosa e compassiva junto à Cruz, aprendendo com elas que, para abraçar o Crucificado, não há outro acesso a não ser tocar os feridos, acolher aqueles que são agora "transpassados" como ele. Diante de Jesus suspenso no madeiro, converse silenciosamente com ele. Lembre-se: "só faz sentido para mim o que for sentido por mim". Depois, registre e dê nome aos sentimentos que afloraram durante a oração.

Sábado Santo: 19 de abril

"Eles foram pôr em segurança o sepulcro, selando a pedra e colocando guardas" (Mt 27,66)

Repetição inaciana:

Hoje é dia de silêncio: dia para recordar os grandes silêncios da vida, as perdas, os fracassos, as crises, as desrazões; contudo, no silêncio profundo algo novo começa a germinar...

Envolve-nos a noite "sabática", que deve "re-alimentar" a paixão pela vida.

O Sábado Santo nos fala do silêncio de Deus, de "como a Divindade se esconde" (EE, n. 196), e nos convida a adentrar o Mistério presente em toda existência: a ausência, a dor, o fracasso, enfim, a morte. Sem Cruz não há passagem para a Vida, não há Ressurreição.

Na Paixão e morte de Jesus, o silêncio de Deus não é um silêncio vazio. É um silêncio eloquente, que nos fala, revela, desvela sem dizer, mostrando uma vida que não necessita de palavras: a vida de Jesus, que é puro amor até o fim e que, por sua vez, desvela o puro Amor de Deus. Loucuras do amor de Deus. Só o amor que se entrega salva.

O Sábado Santo é o dia do grande silêncio: "Um grande silêncio reina hoje sobre a terra; um grande silêncio e uma grande solidão. Um grande silêncio porque o Rei dorme; a terra estremeceu e ficou silenciosa, porque Deus adormeceu segundo a carne" (Trecho de uma antiga homilia de Sábado Santo, retirado do Ofício de Leitura deste dia).

Paira sobre nós o silêncio sepulcral. Jesus morreu e foi sepultado. Os seus amigos provam o fel amargo da desilusão. As Escrituras afirmam que todos os discípulos o traíram. Mas não terão sido eles os traídos? Largaram tudo para seguir Jesus, confiaram-lhe as suas vidas e, afinal, o messianismo de Jesus reduz-se a um sepulcro frio, escuro e silencioso como todos os túmulos da terra.

Por ter descido aos "infernos" da vida é que Jesus pode salvar-nos deles, transformá-los em caminho. "Na verdade, justamente por ter sofrido provações é pode também vir em ajuda dos que passam por elas" (Hb 2,18).

A "Terra crucificada", os "crucificados da história", os sofredores e as vítimas, são lugar de encontro com aquele que desceu até as extremidades mais profundas da Criação e da Humanidade, revelando-se solidário com todos. Aquele que viveu a Paixão em favor da vida é sepultado, isto é, colocado na terra como a semente, para novamente germinar e gerar Nova Vida, Nova Criação, Nova Humanidade.

Por isso, o Sábado Santo da dor, da tristeza, do fracasso, revela-se também como sendo o Sábado Santo da espera e da esperança. Ele nos abre às surpresas de Deus, o "Amigo da vida".

Mas atenção! Já vislumbramos, no horizonte, as luzes da madrugada da Ressurreição!

Domingo da Páscoa na Ressurreição do Senhor: 20 de abril

"No primeiro dia da semana, Maria Madalena foi bem cedo ao sepulcro, quando ainda estava escuro, e viu que a pedra que o fechava tinha sido retirada" (Jo 20,1)

At 10,34a.37-43 | Sl 117(118),1-2.16ab-17.22-23 (R. 24) | Cl 3,1-4 ou 1Cor 5,6b-8 | Jo 20,1-9

EVANGELHO DE JESUS CRISTO SEGUNDO SÃO JOÃO 20,1-9

Iniciamos o Tempo Quaresmal convocados a refletir sobre a ecologia integral. Tal como Jesus, a natureza é também lugar do padecido, da harmonia quebrada, da bondade violentada, da beleza ferida. "A criação geme em dores de parto" (Rm 8,22).

Há uma crise ecológica que se alastra rapidamente, quebrando o equilíbrio vital que sustenta a natureza toda. O uso desordenado dos recursos naturais, e o "descuido" como modo habitual de viver, faz sofrer tanto o ser humano como a própria natureza. No entanto, a novidade do universo é expressa pelo Apocalipse (21,5): "Eis que faço novas todas as coisas".

Enquanto a "comunidade de vida" se desenvolve e caminha em direção ao "Grande Mar Cósmico", a Ressurreição de Jesus nos oferece uma perspectiva para ver essa novidade. À luz da Páscoa podemos afirmar: "creio na esperança da ressurreição cósmica".

Para viver a oração:

Na alegria da ressurreição, prepare a oração, criando um clima de profunda intimidade com o Ressuscitado. Suplique a Deus o dom da alegria com Cristo Ressuscitado, de modo que a experiência da Ressurreição o(a) impulsione a viver com mais intensidade a comunhão com toda a humanidade e com toda a Criação.

Antes de contemplar o relato de Madalena indo ao sepulcro de madrugada, repasse os "pontos" a seguir:

- O "mistério pascal" é o salto para a novidade, para a beleza, para a transcendência. Imersos na natureza, a Ressurreição nos faz descobrir a verdadeira extensão da Vida.
- A luz da Ressurreição ilumina toda a Criação: a vida de Cristo na vida da Terra nos traz alegria e esperança. O universo inteiro é o hábitat do Cristo Cósmico.
- A aparição de Jesus Ressuscitado no primeiro dia da semana foi entendida como a aurora do "primeiro dia" da Nova Criação de todas as coisas. À luz deste "novo dia" de Deus, Cristo aparece como o primogênito de toda a Criação, que reconcilia todas as coisas no céu e na terra.
- O "primogênito entre os mortos" é também o "primogênito de toda criatura", por quem todas as coisas foram criadas. A Ressurreição pulsa em nós e na natureza com o coração de Deus.
- Pela Ressurreição, romperam-se todas as amarras do espaço e do tempo. Cristo ganhou uma dimensão cósmica. A evolução se transformou numa verdadeira revolução. A terra é o palco da vinda do Reino de Deus, por isso a ressurreição para o Reino de Deus é sua esperança. Sobre esta terra, embebida em sangue, esteve a Cruz de Cristo: por isso Deus lhe permanece fiel e afastará dela toda dor, sofrimento e morte, para ele mesmo nela vir morar. "O Reino de Deus é o reino da ressurreição na terra" (Dietrich Bonhoeffer).
- Somos já "seres ressuscitados": sentimos hoje a urgência de seguir os caminhos de uma ética ecológica integral para que possamos nos situar, na Criação, numa atitude participativa e de cuidado responsável. Cresce um novo modo de pensar e de conceber o universo

enquanto "teia de relações". Isto significa que há uma unidade fundamental e uma vasta rede de interrelações, conectando todos os elementos da natureza.

- Todos os seres, vivos e não vivos, são parceiros numa verdadeira "dança cósmica", numa grande comunhão universal. Fazemos parte de uma "rede" de relações múltiplas e recíprocas, nas quais o próprio Cristo Ressuscitado se faz presente, como fonte de vida.

Desde o início, a Criação está orientada para este fim. De acordo com isto, "toda a Criação geme conosco" e esta é a verdadeira ressurreição da natureza. O Deus que ressuscita os mortos é o mesmo Deus que chamou todas as coisas do nada à existência. Aquele que ressuscitou Jesus dos mortos é o Criador do novo ser de todas as coisas: Ressurreição e Criação constituem, portanto, uma unidade, pois a ressurreição dos mortos e a destruição da morte são a completude da Criação original.

Para nossa oração, meditemos: Fico maravilhado(a) com a nova comunidade universal de vida que emerge da Noite Pascal? A Luz da Ressurreição integra tudo em minha vida? Considero como nosso Senhor ressuscitado revela toda a vida futura do universo como uma comunidade em evolução de esplendor e diversidade crescentes? Reflito como Cristo nos leva a evoluir para uma humanidade em plenitude, vivendo uma relação plena com todas as criaturas? Fraternizo com todas as criaturas e me faço humano(a) em toda a minha plenitude?

A Páscoa é um salto para a transcendência. Um salto para o Novo Céu e a Nova terra.

Uma abençoada páscoa a todos(as)!